Grigori Grabovoi

I0041323

ZAHLEN FÜR EIN

ERFOLGREICHES BUSINESS

Die Arbeit „ZAHLEN FÜR EIN ERFOLGREICHES BUSINESS" wurde von
Grabovoi Grigori im Jahr 2004 in russischer Sprache geschaffen.
Ergänzt durch Grabovoi G. P.

Grabovoi G. P.

Zahlen für ein erfolgreiches Business

Grabovoi G. P., 2004

Jelezky Publishing, Hamburg

www.jelezky-publishing.eu

1. Auflage

Deutsche Erstausgabe, März 2013

© 2013 der deutschsprachigen Ausgabe

SVET UG, Hamburg (Herausgeber)

Auflage: 2013-1, 16.04.2013

Weitere Informationen zu den Inhalten:

„SVET Zentrum", Hamburg

www.svet-centre.eu

ISBN: 978-3-943110-70-8

Inhalt:

Zahlen für ein erfolgreiches Business

Einleitung

In dem Werk werden Zahlenreihen gegeben, die, wenn sie in Übereinstimmung mit den Termini, den Definitionen und Begriffen des Business angewendet werden, es ermöglichen, das eigene Business auf der Grundlage der Technologien der ewigen Entwicklung erfolgreich zu entwickeln.

Unter Ökonomie werden alle möglichen Arten der Tätigkeit der Menschen, der menschlichen Gesellschaft als Ganzes betrachtet, die es den Menschen und der Gesellschaft erlauben, sich mit materiellen Ressourcen für das Leben zu versorgen. Dabei ist die Ökonomie der ewigen Entwicklung in erster Linie auf die Reproduktion der auf natürliche Art nicht wieder herstellbaren Ressourcen gerichtet, die für die ewige Entwicklung notwendig sind. Deshalb bestimmt die Ökonomie der ewigen Entwicklung die Notwendigkeit der Gewinnung von Mitteln für den mit natürlichen, sozialen und von Menschen gemachten Mitteln wieder herstellbaren schöpferischen Lebensbereich. Der Mensch ist die Grundlage für die Verwirklichung solch einer Ökonomie, weil die auf die ewige Entwicklung gerichteten Ideen und praktischen Tätigkeiten der Menschen die ökonomische Struktur der Gesellschaft der ewigen Entwicklung schaffen.

Die Gesamtheit der menschlichen Bedürfnisse ist außerordentlich groß, zahlreich, sie wächst ständig, wird komplizierter. In der Ökonomie der ewigen Entwicklung ist es wichtig, in Übereinstimmung mit dem Ziel die Methoden der schöpferischen und reproduzierenden Befriedigung der Bedürfnisse zu entwickeln. So ist der unbestreitbare Fakt zu erkennen – die Unbegrenztheit und Stetigkeit des Wachstums der menschlichen Bedürfnisse.

Die Zahlenreihen realisieren die Lösung des Problems der besten, optimalen und effektiveren Nutzung der begrenzten, oft seltenen, Ressourcen der wirtschaftlichen Tätigkeit und die Steuerung dieses Prozesses für das Erreichen des Ziels der maximalen Befriedigung der in der ewigen Entwicklung wachsenden und unbegrenzten Bedürfnisse des Menschen und der Gesellschaft.

Die Zahlen für ein erfolgreiches Business, die in diesem Buch gegeben werden, kann man folgendermaßen anwenden:

- Vor einer Tätigkeit in irgendeinem Bereich der Ware-Geld-Beziehungen, selbst in dem Fall, wenn sie nicht zum Business gehören, kann man in Gedanken folgende Zahlenreihe, die die ewige Entwicklung durch die ökonomische Sphäre realisiert, aufsagen: **289 471 314917**.

Die Lücken in den zur Ökonomie der ewigen Entwicklung gehörenden Reihen kann man zusammen mit den Zahlen der Reihen als Bereiche des Eingangs der für die Sicherung des ewigen Lebens notwendigen Geldmittel und anderer Mittel betrachten. Dabei hat die steuernde Information über die Lücke mehr allgemeinen Charakter. Konzeptionell bedeutet diese Information, dass in der Ökonomie ein innerer Raum ist, der nicht durch die Information gefüllt ist, der jederzeit durch die Daten für die ewige Entwicklung gefüllt werden kann.

Für den Erfolg im Business ist es zweckmäßig, das Buch vollständig zu lesen und dabei in Gedanken die Zahlenreihen aufzusagen. In einigen Fällen ist die Aufnahme der Wahrnehmung effektiv, was sich dadurch ausdrückt, dass ihr das Echo der in Gedanken aufgesagten Zahlenreihen wahrnehmt. Das Echo im kollektiven Bewusstsein gehört zur Folge der in der Gegenwart vor sich gehenden Ereignisse mit einem Ton, das heißt, es wird als Element eines zukünftigen Ereignisses wahrgenommen. Wenn man das anwendet, kann man sich bemühen, eine steuernde Prognose der

Ereignisse in der ökonomischen Sphäre zu schaffen, dabei die Zahlenreihen nutzen, die den Termini und Begriffen entsprechen. Dazu muss man, bevor man beginnt die Reihe in Gedanken aufzusagen, die Zahl **889491** aufsagen und danach die Zahlen der Reihe in Gedanken aufsagen. Im Moment des Aussprechens der Zahlen kann man die in Richtung der Norm der ewigen Entwicklung führende Reihe **91688** anwenden, wenn ihr Widerstand spürt.

Wenn beim Aufsagen der Reihe, die dem Terminus oder dem Begriff entspricht, ein hellblaues Licht wahrgenommen wird, dann kann man die Situation mit der Geschwindigkeit der Steuerung in der realen Zeit korrigieren. Wenn aber Spuren dunkler Farben wahrgenommen werden, ist es besser Zeit auf die zusätzliche Steuerung der Ereignisse zu verwenden. Mit der Zeit kann man lernen, beliebige Details einer Information wahrzunehmen, die nicht notwendige Situationen hervor ruft und, soweit das möglich ist, schon vorher zur Norm hin zu korrigieren. In den Technologien der ewigen Entwicklung ist die Hauptsache, die Grundplattform versorgen zu können, die für das ewige Leben notwendig ist, auch in diesem Fall muss die Steuerung zur Norm hin unbedingt erreicht werden.

Bei der Anwendung der Zahlen zur Erhöhung der Effektivität des Business kann man in Gedanken steuernde geometrische Formen schaffen, die in der Art gedanklicher Formen realer Ereignisse aufgebaut sind. Es ist möglich, sich zum Beispiel symbolisch einen Betrieb vorzustellen, den Umlauf der Dokumente, die Geldmittel, ein euch konkret interessierendes Dokument oder ein konkretes Ereignis. Dann, indem man die genannten Objekte in Gedanken im steuernden Denkraum umstellt, muss erreicht werden, dass das notwendige Resultat eintritt.

Man kann auch in Gedanken die vorgestellten Objekte mit Lichtstrahlen verbinden, in Gedanken ein Objekt höher stellen, wenn es nötig ist, mehr Informationen zum Objekt zu erhalten.

Bei einer bestimmten Praxis genügt es, sich einfach seinen Denkraum ebenso vorzustellen, als Objekt in dieser Steuerungsmethode. So könnt ihr euer Denken verbessern, indem ihr mit dem Denkraum arbeitet. Diese Praxis ist nützlich für die Verjüngung im ewigen Leben und für die Effektivität des Denkens durch die Selbststeuerung, weil bei einer solchen Art der Tätigkeiten in der Steuerung des Denkens geistige Tätigkeit angewendet werden kann. Ein vergeistigter Gedanke kann die Praxis der ewigen Entwicklung effektiver realisieren.

Weil der Gedanke in mündlicher Form verständlich sein kann, hat das Wort, das aus solch einem Gedanken gesprochen wird, das gleiche Niveau der Ewigkeit wie der Geist, weil es die Eigenschaft der Selbstschöpfung besitzt. Das heißt, wenn man ein so vorbereitetes Wort in Gedanken ausgesprochen hat, kann man die Ewigkeit in den Ereignissen erreichen, die dieses Wort oder dieser Satz, der aus solchen Worten besteht, betrifft. Man kann vor jeder Tätigkeit im Bereich der Ökonomie und in anderen Bereichen solche vergeistigten Worte für die Realisierung eures ewigen Lebens und das aller anderen anwenden. Die Errichtung der Realität des ewigen Lebens verläuft für alle schneller, wenn ihr die Tätigkeit des vergeistigten Wortes auf euch selbst richtet. Wenn ihr die Steuerung mit Hilfe der Zahlen aus dem Bereich des Denkens durchführt, der das vergeistigte Wort geschaffen hat, dann vergrößert ihr die Leistung des Business im Bereich der ewigen Entwicklung wesentlich.

In den Fällen, wenn eure Tätigkeiten in irgendeiner ökonomischen Sphäre, einschließlich dem Business, Termini oder Begriffe betreffen, die in diesem Buch beschrieben sind, kann man vor Beginn der Tätigkeiten in Gedanken die Zahlen der Reihen aussprechen, die zu diesen Termini oder Begriffen gehören.

Man versteht sie, wenn man irgendein ökonomisches Problem betrachtet.

Die Zahlen kann man als Bildungselemente von Waren und Dienstleistungen betrachten. Dann, wenn man sich zum Beispiel das neue Modell eines Autos vorstellt, das auf der Ebene des Denkens aus Zahlen besteht, kann man auf der Ebene des Geistes die Mängel des Autos und seine Perspektive für das Business bestimmen. Analog kann man alle anderen Bereiche des Business wahrnehmen. Bei dieser Methode steuern die Zahlenreihen, die dem Terminus, dem Begriff, dem Ereignis oder dem Bereich des Business entsprechen, die angegebenen Zahlenmengen in die Richtung der ewigen Entwicklung.

Wenn ihr diese Methode anwendet, lernt ihr mit der Zeit, die Massenbedeutung der beschriebenen Zahlen zu werten, weil ihr die Masse der euch umgebenden Gegenstände werten könnt. Das intuitive Denken, von dem oft der Erfolg im Business abhängt, wird bei dieser Methode zum Systemdenken, was für das Business genaues Denken bedeutet. Weil die Intuition bei dieser Methode auf der Grundlage konkreter Zahlenmassen funktioniert, das heißt, nach den Gesetzen der Logik der Ursache-Folge-Ereignisse. Wenn man berücksichtigt, dass die Intuition im Business dem Wesen nach eine Form der Steuerung vieler zufälliger zukünftiger Ereignisse ist, dann wandelt sich die Methode in eine Art der Kontrolle auch der zufälligen Ereignisse durch die Logik. Das ist sehr wichtig, weil bei der Realisierung der ewigen Entwicklung die logisch gestellte Aufgabe des ewigen Lebens sich unbedingt vollziehen muss bei der unendlichen Menge zufälliger zukünftiger Ereignisse.

Man kann, wenn man die Zahlen wahrnimmt, in ihnen Spuren eines hellen Lichts finden, durch die auch das Licht eures Bewusstseins auf das Gebiet der Realisierung von Business-Projekten verbreitet wird. Die Tätigkeiten des Schöpfers bestehen darin, dass, indem ihr schon andere Farbcharakteristiken des Lichts eures Bewusstseins wahrnehmt, ihr den tiefen Sinn des Business-Projekts verstehen könnt, das die Methodologie der ewigen Entwicklung in den Systemverbindungen der ganzen Welt berücksichtigt. Dieses Verständnis beschleunigt die Realisierung eurer Business-Pläne.

Die Zahlen, die in dem Werk gegeben werden, werden in bestimmtem Fällen nach der Methodologie ihrer Anwendung beschrieben. Wenn sich die Zahlen hinter dem Satz, hinter dem Terminus, dem Begriff, ohne Beschreibung befinden, dann sind für sie alle Arten ihrer Nutzung anwendbar, die in dem Buch dargelegt werden. In diesem Falle bedeutet die Nutzung der Zahlen, dass die Bestimmung oder das Ereignis, das in dem Satz, dem Terminus, dem Begriff mittels der Zahlenreihe genannt wird, im Falle der Abweichung von der Norm in den Bereich der Norm für die ewige Entwicklung geführt wird. Es wird auf die Erreichung eines erfolgreichen Business der ewigen Entwicklung in anderen Fällen gerichtet.

In den Business-Prozessen werden Bestimmungen genutzt, die man folgendermaßen für die Sicherung der ewigen Entwicklung anwenden kann:

Arbeit – das ist die Aufwendung physischer, intellektueller oder geistiger Energie für schöpferische Ziele durch den Menschen. Die Arbeit wird im Produktionsprozess durch die Intensität und die Produktivität charakterisiert. Die Zahlenreihe für die Wiederherstellung dieser Energie:
8918 014 915 6481.

Die Intensität der Arbeit – das ist Anspannung, gemessen durch den Grad des Aufwands an Arbeitskraft in einer Zeiteinheit. Die Reihe für die Erhöhung der Arbeitsintensität mit gleichzeitiger Wiederherstellung der für ihr ewiges Leben erforderlichen Gesundheit der Werktätigen, ist folgende: **814 3198904671891481**. Die Erhöhung der Arbeitsintensität, die auch die Verwirklichung des Prinzips des Nichtsterbens enthält, zu dem außer der Sicherung einer normalen Gesundheit auch das Fehlen von Ereignissen gehört, die geeignet sind, den Verlust des Lebens mit sich zu bringen, wird durch folgende Zahlen bestimmt: **419 318 88941898**. Wichtig ist, zu berücksichtigen, dass diese Reihe nicht nur für die Arbeit in der Produktion gilt, sondern überhaupt für eine beliebige Tätigkeit des Menschen. Vor dem Beginn irgendeiner Tätigkeit kann man mit dem Ziel eures ewigen Lebens in Gedanken diese Reihe aufsagen oder die ersten drei Zahlen der Reihe **419**, mit dem Bewusstsein begreifend, dass sich hinter diesen drei Zahlen andere Zahlen befinden, bei deren Benutzung ihr die ewige Entwicklung erreicht. Auf der geistigen Ebene der Steuerung entsteht bei der Anwendung dieser Reihe die Information darüber, dass überhaupt alle Zahlen und beliebige Kombinationen der Zahlen auf die ewige Entwicklung gerichtet sind.

Von diesem geistigen Zustand geht ihr mit dem Bewusstsein in den Bereich eurer Wahrnehmung, die Kenntnisse darüber enthält, wie man schon aus Objekten der physischen und geistigen Realität, analog mit der Anwendung der Zahlen für die ewige Entwicklung, die Bereiche des Bewusstseins und der Tätigkeit für eure ewige Entwicklung bestimmen kann.

Indem ihr diese Bereiche nutzt, werdet ihr verstehen, dass das ewige Leben – die Realität ist, die durch die Tätigkeit des Menschen unter Berücksichtigung der Angaben über seine Umwelt geschaffen wird. Für das Nichtsterben eines anderen Menschen könnt ihr die gleiche Reihe mit Hinzufügung der sieben Zahlen **2890618** nach der Reihe anwenden. Das heißt, in Gedanken für das Nichtsterben eines anderen Menschen diese Zahlenreihe aufsagen: **419 318 88941898 2890618**.

Die Arbeitsproduktivität – das ist der Nutzeffekt, gemessen nach der Anzahl der Güter, die in einer Zeiteinheit hergestellt werden. Die Sicherung der für das ewige Leben der Menschen notwendigen Arbeitsproduktivität wird durch folgende Reihe bestimmt: **319 814**.

Die Erde – das sind die natürlichen Ressourcen. Den Schutz der Erde und die Wiederherstellung, und die Erweiterung der natürlichen Ressourcen im Prozess der ewigen Entwicklung kann man durch die Erziehung schaffen, durch die Herausarbeitung eines solchen Geisteszustandes, bei dem durch steuernde Weise begriffen wird, dass das physische Dasein auf der Erde begleitet sein muss von der Sorge um die Erde. Die Zahlenreihe dafür ist folgende: **914712 819 19 84**.

Dabei muss man erkennen, dass auch der Schutz der Erde vor äußeren Bedrohungen aus dem Kosmos gemeint ist. Ein solcher geistiger Zustand hat einen direkten steuernden Einfluss in Richtung der Sicherung der Ewigkeit der Erde gleichzeitig mit der Ewigkeit des Menschen und organisiert die Menschen zur Erfüllung der Aufgaben der ewigen Entwicklung in allen Bereichen der physischen und geistigen Tätigkeit. Allgemein gesagt, bei der ewigen Entwicklung ist die **Sicherung** der Ewigkeit der Existenz der natürlichen und der künstlich geschaffenen Objekte des Kosmos, durch deren Nutzung das ewige Leben der Menschen realisiert wird, auch ein entsprechendes **Niveau** der geistigen Entwicklung.

Das Kapital – von den Menschen geschaffene Produktionsmittel und Gelder, die für die Produktion von Waren und für Dienstleistungen genutzt werden. Für die Entwicklung und die Vergrößerung des Kapitals bei der Verwirklichung des ewigen Lebens wenden wir folgende Zahlenreihe an: **819048 714 391**. Diese Reihe kann man bei der analytischen Arbeit, vor konkreten Geschäften und anderen Ereignissen, die mit dem Kapital verbunden sind, nutzen.

Das Unternehmertum – eine Tätigkeit die ausgerichtet ist auf die Erzielung von Einnahmen, Gewinn. Im System der ewigen Entwicklung ist die Erzielung von Einnahmen begleitet von der Verteilung der Teile der Einnahmen auf die Verwirklichung der Methoden und Arten des ewigen Lebens. Die unternehmerische Tätigkeit zeigt sich in der Organisation der Produktion in Übereinstimmung mit den gestellten Zielen. Die Ziffernreihe einer erfolgreichen unternehmerischen Tätigkeit für die ewige Entwicklung: **917 498 814316**.

Technologie – Arten der Einwirkung auf die Ressourcen im Produktionsprozess. Neue Technologien, geschaffen durch den Menschen, erweitern die Nutzungsmöglichkeiten der Eigenschaften der Ressourcen, erlauben es, abfallfreie, abfallarme, ökologisch sichere Technologien zu entwickeln. Die Technologien der ewigen Entwicklung schließen in sich ein alle Mittel und Ressourcen der Sicherung des ewigen Lebens. Die Steuerung der Technologien in Richtung der ewigen Entwicklung kann hergestellt werden mit Hilfe der Zahlenreihe **9187114 319 19**.

Energie – die bewegende Kraft, die die natürlichen Ressourcen umwandelt mit dem Ziel der Schaffung von Gütern. Energie, notwendig für das ewige Leben jedes Menschen, befindet sich im Bereich einer harmonischen, auf die Erreichung der ewigen Entwicklung gerichteten Wechselwirkung der Menschen mit der Umwelt. Die Art der Gewinnung der Energie, die für die ewige Entwicklung aller ausreichend ist, wird durch folgende Zahlenreihe ausgedrückt: **918 09814**. Diese Zahlenreihe kann man bei einer beliebigen Tätigkeit in Gedanken einige Male am Tag wiederholen und durch ihre Nutzung eine Verjüngung erfahren.

Der Informationsfaktor - das sind Suche, Sammlung, Verarbeitung, Speicherung und Verbreitung nützlicher Nachrichten, die für die Produktionstätigkeit des Menschen notwendig sind. Im System der ewigen Entwicklung formiert er oft die Effektivität der Methoden der ewigen Entwicklung. Die Rolle dieses Faktors ist unter den modernen Bedingungen deutlich gewachsen und beeinflusst die gesamte Marktwirtschaft, bestimmt die Auswahl der Verbraucher und der Erzeuger auf dem mikroökonomischen Niveau. Für die Formierung des Informationsfaktors der ewigen Entwicklung kann man die Zahlen **964 819 3189891** nutzen. Diese Reihe kann man, wenn man davor die drei Zahlen **914** stellt, in den Prozessen der Wiederbelebung bei der Führung des Business nutzen. Die Wiederbelebung der Menschen für ein erfolgreiches Business hat eine wichtige Bedeutung, weil sie erlaubt, Spezialisten oder einfach Werktätige, die geeignet sind, in der ausgewählten Sphäre des Business zu arbeiten, nicht zu verlieren. Deshalb muss in den Business-Bereichen das Herangehen an die Fragen der Wiederbelebung pragmatisch und sachlich sein, begründet auf der Aufgabe, Gewinn zu erzielen. Die Einführung der Aufgabe der Wiederbelebung der Menschen in der Business-Technologie kann man durch eine spezielle Orientierung des Informationsfaktors auf diese Aufgabe erreichen.

Ökologie – die Wechselwirkung des Menschen mit der Umwelt. Jede Produktionstätigkeit des Menschen ist direkt oder indirekt verbunden mit der Einwirkung auf die Umwelt. Für die ewige Entwicklung muss die Ökologie der zu erfüllenden Aufgabe entsprechen.

Die Zahlen der Ökologie der ewigen Entwicklung sind folgende: **31914 51678109849**.

Das Resultat der Wechselwirkung der Faktoren der Produktion ist die Erzeugung von Gütern, deren Ausrichtung für die ewige Entwicklung durch die Zahlenreihe **913 518906318** bestimmt wird.

Zahlen, die den Termini entsprechen, werden für die Sicherung der ewigen Entwicklung mit Hilfe der Begriffe und Prozesse, die durch diese Termini beschrieben werden, angewandt.

Steuernde Zahlen der Begriffe:

A

Abführung an den Haushalt 319 714 – Zahlungen an den Haushalt, die die Betriebe, Firmen durchführen: Gewinnsteuer, Mehrwertsteuer, Akzisen, Vermögenssteuer.

Abgabepreis 894 317 218 491 – Variante des Großhandelspreises; Preis, zu dem der Betrieb seine Ware an die Verbraucher abgibt; Preis der Produkte, die von Beschaffungsorganisationen abgegeben werden.

Abgang der Ausrüstung 691318714217 – Abschreibung physisch abgenutzter und moralisch veralteter Ausrüstung aus der Bilanz des Betriebs.

Ablehnung 618471318684 – Feststellung des Ausschussanteils durch eine offizielle Kommission im Ergebnis der Feststellung von Abweichungen von den festgelegten Standards oder technischen Bedingungen.

Abrechnung 798 612319718 – Dokument, das das Ergebnis der geleisteten Arbeit in einem bestimmten Zeitraum ausweist.

Absatz 718 648519 71 – Gesamtheit der Maßnahmen zur Sicherung des Verkaufs der fertigen Produktion.

Absatzmarkt für Waren und Dienstleistungen 48949719857 – analytische Abteilung des Businessplans, der es ermöglicht, auf der Grundlage der Ergebnisse der Analyse der Möglichkeiten bestehender Märkte, der Nachfrage nach Produkten (Dienstleistungen) der Firma die Marktsegmente zu bestimmen, die für die Produkte der Firma annehmbar sind, mögliche Nischen vorherzusagen, die potentielle Aufnahmefähigkeit der Märkte, das geplante und das tatsächliche Volumen des Verkaufs und des Erlöses einzuschätzen.

Absatzmittler 64859172861 – juristische und natürliche Personen, die am Verkauf der Endprodukte und der Dienstleistungen des Industriebetriebs und der Ware, die von anderen Betrieben hergestellt wird, teilnehmen

Absatzstimulierung 54831721947 – Gesamtheit der organisatorischen Maßnahmen, die das Anwachsen der Nachfrage beim Verkauf der Ware stimulieren.

Abschreibungssatz 48971851947 – Anteil oder festgelegter Prozentsatz vom Bilanzwert des Anlagevermögens berechnet auf ein Jahr.

Absolute (allgemeine) wirtschaftliche Effektivität 316518498917 – Wirksamkeit der Durchführung von Investitionen in die Volkswirtschaft, in den Wirtschaftskreis, in den Industriezweig, in den Bau neuer und die Rekonstruktion bestehender Betriebe u. dgl.

Abwertung 564517 219714 – staatliches System der gesetzgeberischen Maßnahmen, die das Gleichgewicht zwischen Nachfrage und Angebot der nationalen Währung des Landes durch Kontrolle ihres Kurses in Richtung / auf die Seite der Senkung im Verhältnis zu den Edelmetallen und der Währung anderer Länder; Währungsreform, die die Herausnahme der abgewerteten Geldzeichen aus dem Umlauf und deren Umtausch in vollwertige Geldzeichen vorsieht.

Administrative Planwirtschaft 519648319 817 – Wirtschaftssystem, basierend auf der Konzentration aller ausgearbeiteten und bestätigten wirtschaftlichen Direktiven im Bereich der Produktion, Verteilung und des Austauschs materieller Güter in der Hand des Staates.

Akkreditiv 519481919 89 – ein Dokument, das die Anweisung einer Krediteinrichtung an eine andere über die Auszahlung der im Akkreditiv angegebenen Summe an den Besitzer enthält.

Akkumulation des Kapitals 6194831947 – Vergegenständlichung eines Teils des Gewinns im produktiven Grundfonds zur Erweiterung oder technischen Umrüstung des Betriebs.

Aktie 617319819491 – Wertpapier, das das Recht auf Erhalt eines Teils des Gewinns in Form von Dividenden bescheinigt.

Aktiengesellschaft (AG) 5163184101482 – Organisationsform der Konzentration des Kapitals von Betrieben, juristischen Personen und Bürgern, Grundlage für die Formierung des Statutenfonds durch Ausgabe und Verkauf von Wertpapieren (Aktien, Obligationen usw.) durch die AG mit dem Ziel der Schaffung des produktiven Anlagevermögens (Grundkapital) und der Umlaufmittel (zirkulierendes Kapital).

Aktienkapital 694182548471 – Kapital, dessen Quelle die Vereinigung individueller Kapitalien durch die Herausgabe und den Verkauf von Wertpapieren ist. Das Wachstum des Aktienkapitals wird erreicht durch die Nutzung eines Teils des Gewinns und durch die Herausgabe von Aktien und Obligationen.

Aktienkontrollpaket 694 817918514 – Teil der Aktien, der seinem Besitzer (einer natürlichen oder juristischen Person) ermöglicht, die volle Kontrolle der Tätigkeit der Aktiengesellschaft auszuüben. Das Aktienkontrollpaket muss 50% des Nominalwerts der durch die Aktiengesellschaft ausgegebenen Aktien übersteigen, in Einzelfällen genügen 25 – 30%.

Aktiva 319819497817 – linke Seite der Buchhaltungsbilanz, die die Eigentumsrechte des Betriebes ausdrückt und die Grundfonds, die an einen Richtsatz gebundenen und richtsatzfreien Umlaufmittel und weitere Aktiva enthält.

Aktive Fondsergiebigkeit 319317219498 – Fondsergiebigkeit, die nicht für den ganzen Wert der grundlegenden Produktionsanlagen berechnet wird, sondern nur für den Wert ihres aktiven Teils.

Aktiver Teil des produktiven Anlagevermögens 519317498516481 – führender und integraler Bestandteil des produktiven Anlagevermögens,

16   © Грабовой Г.П., 2004

der als Basis für die Bewertung des technischen Niveaus der Produktionskapazitäten dient.

Akzept 51831849561471 – Zustimmung zum Abschluss einer Vereinbarung unter bestimmten Bedingungen; Form der bargeldlosen Zahlungen.

Allgemeines Gesetz des Wachstums der Arbeitsproduktivität 518671319489 – spiegelt das Ergebnis der Einführung vollkommenerer und produktiverer Arbeitsinstrumente wider, deren Nutzung die Senkung des Arbeitsaufwands für eine Einheit des Erzeugnisses und die Einsparung an Lohn (freigesetzte lebendige Arbeit) sichert, bei Vergrößerung der Abschreibungen (frühere Arbeit).

Allgemeines Präferenzsystem 491719 819481 – Zollvergünstigungen, die schwach entwickelten Ländern und Entwicklungsländern gewährt werden.

Allokationseffizienz 561418519471 – rationellere Verteilung der organischen Ressourcen in Richtung ihrer Endverwertung.

Amortisation 519318491417 – allmähliche Übertragung des Wertes des produktiven Anlagevermögens auf das erzeugte Produkt oder die Dienstleistungen mit dem Ziel der Akkumulation des Geldes für seine weitere vollständige Wiederherstellung.

Amortisationsfonds 489317519814 – Geldmittel, die für den Ersatz des produktiven Anlagevermögens vorgesehen sind.

Analyse der aktiven Märkte nach Objekten 514819319617 – vorgesehen ist die Durchführung entsprechender Arbeiten für folgende Untersuchungsobjekte: Bereich der Warenzirkulation – Kauf- und Verkaufverfahren zur Sicherung des Gewinns; Arbeitsprodukt, geschaffen für den Tausch oder den Verkauf; juristische oder natürliche Personen, die die Produktionsprodukte nutzen; Konkurrenz.

Analyse des Betriebs des Konkurrenten 598317984314 – Richtung

17

der wissenschaftlichen Untersuchung der laufenden und der strategischen Pläne der Entwicklung des Konkurrenzbetriebs.

Anbieter 498641 074981 – natürliche oder juristische Person, die mit einem Angebot auftritt.

Angebot 516489488 – Verzeichnis der Produktion, der auf dem Markt durch den Verkäufer (den Hersteller der Ware oder seinen Vertreter) zum Verkauf zu einem festgelegten oder vereinbarten Preis angebotenen Waren.

Angebot und Nachfrage 47961251948 – zwei grundlegende und gegensätzliche Charakteristika der (Waren-) Marktwirtschaft.

Angebotselastizität 498 614219 718 – Beziehung zwischen den Veränderungen des Verkaufsvolumens und des Preises für die Ware.

Angebotsfaktoren 491 617318 78 – Faktoren, die auf den Wert der auf dem Markt angebotenen Ware wirken, das heißt, der Wert der Ressourcen, die Effektivität der technologischen Prozesse, Steuern und Vergünstigungen, Wettbewerbsfähigkeit und Preise für analoge Waren.

Angebotsfunktion 514518914217 – mathematische Abhängigkeit des Wertes des Volumens der hergestellten Sachwerte und der angebotenen Dienstleistungen, die auf die entsprechenden Märkte kommen (Größe des Angebots), von solchen Faktoren wie Wert der Ressourcen, Effektivität der technologischen Prozesse, Steuerpolitik, Wettbewerbsfähigkeit, preise für analoge Waren und Dienstleistungen u. dgl.

Angebotskurve 489 471819 498 – Kurve, die graphisch das Gesetz des Angebots zeigt, nach dem sich bei steigendem Preis das Angebot vergrößert.

Angebotstabelle 489 748987 615 – Aufstellung, die den Umfang der Angebote einer bestimmtem Ware bei unterschiedlichen Preisen für die Ware.

Angebotsüberhang 489 817497498 – Marktübersättigung als Resultat des Überhangs des Angebots gegenüber der Nachfrage.

Angebotswert 689714219817 – Wertveranschlagung der Anzahl einer bestimmten Ware, die zum Verkauf zu einem festgelegten Preis in einem angegebenen Zeitabschnitt angeboten wird.

Angewandte industrielle wissenschaftlich-technische Forschungen und Entwicklungen 49871431981 – neue technische Lösungen mit Aufgaben und Vorschlägen, die auf die Steigerung der Wettbewerbsfähigkeit der Produktion und der Produkte gerichtet sind.

Anlagenauslastung 518671319148 – Koeffizient der Nutzung der Schichtzeit, der den Teil der faktischen Arbeitszeit der Anlage im Laufe einer bestimmten Periode (Schicht, Tag, Dekade usw.) in der Summe des effektiven Zeitfonds der montierten Anlage im entsprechenden Zeitraum ausweist.

Anlagevermögen 514 719 – Teil des Betriebskapitals; charakteristisch für die Bedingungen des Privateigentums.

Anleihe/Darlehen 31489721851 – Art der Beziehungen, Vertrag, nach dessen Bedingungen die eine Partei der anderen Partei, dem Darlehensnehmer, Geld und andere materielle Werte zum Eigentum, und der Darlehensnehmer verpflichtet sich, die gleiche Summe Geld oder materielle Werte zurückzuzahlen.

Anschaffungskosten 51421961871 – Wert des Erwerbs der Arbeitsgeräte (Preis), einschließlich der Ausgaben für Transport und Montage; für Investitionsbau – Kostenanschlag.

Antikonkurrenzpraxis 491318516497 – Organisationsarbeit für die Planung und Realisierung von Maßnahmen zur Verringerung und vollständigen Beseitigung periodisch entstehender Probleme, die mit der Konkurrenz auf dem Markt zusammenhängen.

Antimonopolpolitik des Staates 59831849714 – Regierungspolitik, gerichtet auf die Entwicklung des Wettbewerbs und die Schaffung von Einschränkungen der monopolistischen Tätigkeit der Teilnehmer, die unter den Bedingungen der Marktpolitik arbeiten.

Anwachsen der Aufwendungen 61931981947 – Gesamtheit der Aufwendungen, die im Prozess der Herstellung der Produktion verwirklicht werden (mit Ausnahme der einmaligen Aufwendungen).

Anwesenheitsnachweis 548 617219 617 – täglicher Nachweis der Arbeitszeit jedes Arbeiters des Betriebs.

Anzahl der Beschäftigten im Betrieb 61971381948 – Kennziffer, die die durchschnittliche Zahl des Industrieproduktionspersonals und des nichtindustriellen Personals ausweist.

Anzahl der Hauptarbeitnehmer - Akkordarbeiter 518 485319 47 – wird bestimmt in Abhängigkeit vom Arbeitsaufwand der Erzeugnisse, vom Jahresproduktionsvolumen der Erzeugnisse, vom Jahresarbeitszeitfonds eines Arbeiters.

Anzahl des Industrieproduktionspersonals 498319489818 – umfasst die Kategorien der Mitarbeiter, die an der Produktion teilnehmen: Arbeiter, ingenieurtechnisches Personal, Nachwuchskräfte u. dgl.

Anzahl des nichtindustriellen Personals 319 718219 814 – umfasst die Kategorien der Mitarbeiter, die im nicht Produktionsbereich des Betriebs beschäftigt sind, das heißt, Mitarbeiter, die die Gebäude und Anlagen in einem arbeitsfähigen Zustand erhalten, Personal der medizinischen und Kinderbetreuungseinrichtungen u. dgl.

Anzahlung/Akontozahlung 398628198711 – Geldmittel oder Vermögensgegenstände, die als Mittel des Betriebs erscheinen und die Erfüllung der Verpflichtungen sichern, die im Vertrag fixiert sind. Bei Verletzung der Vertragsbedingungen werden Strafen eingeführt.

Arbeit 649 714819 217 – zielgerichtete Tätigkeit der arbeitsfähigen Bevölkerung, die die Schaffung materieller Werte mit Hilfe der Produktionsmittel und die Erweisung von Dienstleistungen vorsieht.

Arbeitsamt 714981519016 – staatliche Organisation, deren Arbeit auf die Befriedigung des Bedarfs der Arbeitsreserven mittels der Verbreitung der Information über vorhandene freie Arbeitsplätze gerichtet ist.

Arbeitsaufwand je Erzeugnis 614 512198 718 – Aufwand an Arbeitszeit für die Herstellung einer Einheit des Erzeugnisses oder einer Arbeitseinheit.

Arbeitsgegenstände 5486719858 – Bestandteil des Umlaufvermögens, der vollständig für einen Produktionszyklus verbraucht wird; Ausgangssachwerte (Rohstoff, Material), die im Ergebnis der Einwirkung der Arbeitsgeräte und unter Teilnahme des Menschen in das Endprodukt umgewandelt werden.

Arbeitsgeräte 516 714 – grundlegender Teil der Produktionsmittel, das heißt, Maschinen, Ausrüstung, die unmittelbar am Produktionsprozess teilnehmen.

Arbeitsintensität 584817319714 – Intensität der Arbeit, Gesamtheit des Energieaufwands eines Arbeiters in einer Zeiteinheit, die ein höheres Ergebnis der Arbeit sichert.

Arbeitsintensive Produkte 719 648519 717 – Produkte, deren Produktion mit einem hohen Arbeitsaufwand verbunden ist.

Arbeitsintensive Produktion 698 191319 81 – industrielle Produktion, wo im Kostenvoranschlag der größte Teil auf den Arbeitslohn entfällt.

Arbeitskraft 619318519471 – physische und intellektuelle Möglichkeiten der arbeitsfähigen Bevölkerung, die im Produktionsprozess materieller Güter und im sozialen Bereich genutzt werden.

Arbeitskrafteinsparung 498713318516 – im Ergebnis wird die Freisetzung einer Anzahl von Arbeitern erreicht.

Arbeitslosigkeit 318514517618 – sozialökonomische Erscheinung, bedingt durch die Kürzung des Grades der Nutzung der arbeitsfähigen Bevölkerung, die an der gesellschaftlichen Produktion teilnehmen will.

Arbeitsmarkt 59872151964 – Gesamtheit der juristischen Personen, die der arbeitsfähigen Bevölkerung Arbeit anbieten, die Ausbildung und die Umschulung der zeitweise nicht arbeitenden Bevölkerung organisieren und deren materielle Unterstützung sichern.

Arbeitsmaschinen und Ausrüstung 598314219714 – Hauptgruppe des produktiven Anlagevermögens, die zum aktiven gehört.

Arbeitsmittel 549 498317 318 – Gesamtheit der materiellen Mittel, mit deren Hilfe der Arbeiter auf die Arbeitsgegenstände einwirkt und dabei ihre physikalisch-chemischen Eigenschaften verändert.

Arbeitsnorm 69874149817 – festgelegter Umfang der Arbeit, berechnet für einen Arbeiter oder eine Gruppe von Arbeitern, der in einem bestimmten Zeitraum (Stunde, Tag u. dgl.) bei abgestimmten Arbeitsbedingungen erfüllt werden muss.

Arbeitsplatz 519461918517 – ursprüngliches Glied des Betriebs, der Organisation oder Teil der Fläche, die für die Erfüllung der geplanten Aufgabe durch den Arbeiter geeignet ist.

Arbeitsproduktivität 49861721948 – Kennziffer der Effektivität der Nutzung der Arbeitsressourcen in der materiellen Produktion.

Arbeitsreserven 584 614819 714 – arbeitsfähiger Teil der Bevölkerung eines Staates in einem Alter innerhalb der vom Gesetzgeber festgelegten Grenzen, der über intellektuelle und physische Eigenschaften, sowie über Spezialkenntnisse und Erfahrung für die Durchführung des Produktionsprozesses materieller Güter und der Erweisung von Dienstleistungen verfügt.

Arbeitsreserven 61481721954 – Bestandteil der Produktivkräfte der Gesellschaft, der die arbeitsfähige Bevölkerung des Landes einschließt, die Fachkenntnisse, berufliche Ausbildung und Erfahrung für die Sicherung des Produktionsprozesses besitzt.

Arbeitsschicht 58972489 48 – Dauer des durch Anordnung der gesetzgebenden Macht gesetzlich festgelegten Arbeitstages.

Arbeitsteilung 58497131964 – Aufteilung der verschiedenen Arten von Arbeitstätigkeit im Produktionsprozess.

Arbeitszeit 61931781949 – durch die Gesetzgebung festgelegte Dauer der Arbeit.

Arbeitszeitermittlung 598498319718 – Messung des Arbeitszeitaufwands eines Arbeiters für die Durchführung der vorgegebenen technologischen Operationen mit dem Ziel, den Arbeitsaufwand dieser Operation festzustellen.

Arbeitszeitfonds der Ausrüstung 489891318514 – schließt den kalendarischen Fonds ein, das heißt, die Anzahl der Arbeitstage im Jahr, multipliziert mit 24 Stunden.

Arbeitszeitfonds der Ausrüstung 619714219611 – kalendarischer Arbeitszeitfonds einer Einheit der Ausrüstung berechnet als Produkt der Zahl der Kalendertage im Jahr, im Quartal, im Monat, in der Dekade zu 24 Stunden.

Armutsgrenze 491 216498 27 – offiziell festgelegte minimale Einkommensgrenze, unterhalb welcher die Empfänger eines solchen Einkommens zur armen Bevölkerung gehören.

Arten der Marketingforschung 317589619714 – Gruppierung der Untersuchungen in Richtung Marketingtätigkeit: Reklame, Analyse der Märkte in Bezug auf Nachfrage, Angebot, Preisbildung, Zahlungsfähigkeit usw.

Arten der Waren und Dienstleistungen 619371819481 – Abschnitt des Businessplans, in dem das gesamte Verzeichnis der hergestellten Produkte (Dienstleistungen) aufgeführt wird, das auf dem Warenmarkt zum

Verkauf angeboten wird.

Assekuranz 54831489518 – Versicherung der fertigen Produktion, der Mobilien und Immobilien.

Attestierung der Arbeitsplätze 518648798181 – Bewertung der Arbeitsplätze auf der Grundlage der Gesamtheit der technisch-ökonomischen und organisatorischen Kennziffern für die Erarbeitung des Plans der organisatorisch-technischen Maßnahmen für die Sicherung ihrer Entsprechung an die modernen Anforderungen an die Arbeitsbedingungen und, falls es nötig ist, des Ersatzes nicht effektiver Operationen des Arbeitsprozesses.

Auditor 319471897185 – Organisation, Dienst, Buchprüfer, der die Kontrolle der finanzwirtschaftlichen Tätigkeit der Betriebe, Banken usw. durchführt.

Aufschlag 6983172194 – Aufschlag zum Listenpreis für Waren und Dienstleistungen für Dringlichkeit der Lieferung oder der Erfüllung der Dienstleistung, für höhere Qualität der Ware.

Aufschlag 69831721941 – künstliche Erhöhung der Preise für die Bezahlung der Dienste der Beschaffungsorganisationen; abgestimmte Zuzahlung durch den Warenproduzenten (Lieferanten) für die Erfüllung zusätzlicher Forderungen des Käufers.

Auftragsbuch 819 714319 617 – Gesamtheit der Aufträge, über die die Firma (der Betrieb) verfügt; Bedingung der Formierung des Produktionsprogramms des Betriebs, die es ermöglicht, die reale Auslastung der Produktionskapazität für die Erfüllung der Aufträge entsprechend den Forderungen des Kunden zu bestimmen.

Aufwand für 1 Geldeinheit der Warenproduktion 914918 718 497 – verallgemeinerte ökonomische Kennziffer, die den Anteil der laufenden Ausgaben am Wert der Warenproduktion ausweist.

Aufwendungen 319 718519 612 – Summe der Ausgaben, ausgedrückt in Geldform und verwirklicht für die Herstellung und den Verkauf der Produktion und die Leistungserstellung.

Aufwendungen der Konkurrenz 519 612719 811 – nicht in den Plan aufgenommene zusätzliche Ausgaben, gerichtet auf die Reklame der Gebrauchseigenschaften der Ware zur Erhöhung der Nachfrage.

Aufwendungen des Käufers 218 619719 811 – Ausgaben für Transport- und Speditionsoperationen, die im Prozess des Warenverkehrs verwirklicht wurden, einschließlich der Zahlung von Zollgebühren, Steuern, Abgaben, Bewirtungskosten u. dgl.

Aufwendungen des Produzenten 698518319418 – Ausgaben des Produzenten, die die Ausgaben für die Kosten der Unterabteilung für Absatz, des Marketingdienstes, der Transport- und Speditionsoperationen, des Service usw. einschließen.

Auktion 598491319814 – Variante des Verkaufs von Waren (Eigentum) auf der Grundlage der vorherigen Besichtigung der zum Verkauf stehenden Auktionsobjekte.

Ausgaben für die Bezahlung der Arbeit 58979289431 – Ausgaben, die die Grundzahlungen für die einzelnen Kategorien von Arbeitern einschließen.

Ausgaben für die Entwicklung und Vorbereitung der Produktion 49857189464 – Ausgaben, die die Aufwendungen für die Entwicklung neuer Betriebe, Abteilungen, neuer Arten der Produktion und technologischer Prozesse; für die Projektierung und Konstruktion, die Erarbeitung des technologischen Prozesses der Herstellung eines neuen Erzeugnisses; für die Neuplanung, Umstellung und Instandsetzung der Ausrüstung u. dgl.

Ausgaben für die Erhaltung und Nutzung der Ausrüstung 59872149874 – Ausgaben, die folgende Artikel einschließen: Amortisation der Ausrüstung und der Transportmittel für die Umlagerung der Arbeitsgegenstände, Nutzung der Ausrüstung, laufende Reparatur, Verschleiß billiger und schnell verschleißender Werkzeuge und Vorrichtungen u. dgl.

Ausgeglichener Haushalt 317814898517 – Haushalt der Einnahmen und Ausgaben in Geld mit Nullsaldo.

Auslastung der Produktionskapazität 568318498217 – Niveau der Nutzung der potentiellen Möglichkeiten der Produktion, die gewertet werden nach dem Verhältnis des faktischen Produktionsausstoßes zum maximal möglichen.

Ausmaß der Nachfrage 31721851427 – Wertveranschlagung der Anzahl einer bestimmtem Ware, die durch den Käufer zu einem festgelegten Preis in einem angegebenen Zeitabschnitt erworben werden kann.

Ausreichende Versorgung des Industriebetriebs mit materiellen Ressourcen 21649829871 – Periode der störungsfreien Arbeit des Industriebetriebs bei entsprechendem Niveau der Nutzung vorhandener Reserven an Sachwerten.

Ausrüstung 371 498 271 47 – Bestandteil des produktiven Anlagevermögens, der die Arbeitsgeräte, die für die unmittelbare Einwirkung auf den Arbeitsgegenstand benutzt werden einbezieht.

Ausschreibung 189 417218 489 – Ausschreibungsform der Auftragsvergabe zur Lieferung von Sachwerten und Erfüllung von Auftragsarbeiten mit dem Ziel der Sicherung ökonomisch günstiger Bedingungen ihrer Realisierung.

Ausschussproduktion 54831749816 – Einzelteile, Baugruppen, Endprodukt, die nicht den technischen Bedingungen der Produktion und Anwendung entsprechen.

Ausstellung - Messe 714182689411 – periodisch organisierte Schau der Ergebnisse in verschiedenen Wirtschaftszweigen.

Austauschbare Waren 214817218516 – Waren, die teilweise oder voll-

26

ständig die analogen Bedürfnisse der Käufer befriedigen im Vergleich zu den Grunderzeugnissen. Sie beeinflussen die Kürzung des Erlöses beim Verkauf des Grunderzeugnisses.

Auswahl von Zielsegmenten des Marktes 564197589491 – Bewertung und Auswahl eines oder einiger Zielsegmente des Marktes für das Auftreten dort mit den eigenen Waren.

Autarkie 498 712819 49 – Prinzip der effektiven Tätigkeit des Betriebs, der Firma, nach dem alle für die einfache Reproduktion getätigten Ausgaben durch die Einnahmen (Erlöse) vom Verkauf der hergestellten Produktion gedeckt werden müssen.

Automatisierte Datenbank 519617 – Systematisierte Information (Programminformation, methodische, technische, philologische, ökonomische Information usw.), angesammelt und genutzt für die Sicherung der Aktualität der Befriedigung der Bedürfnisse der Interessen in verschiedenen Formen der Tätigkeit.

Automatisierung 519319718 49 – Anwendung von Maschinen, maschineller Technik und Technologien mit dem Ziel der Durchsetzung von Produktions-, Leitungs- und anderer Funktionen unter unmittelbarer Kontrolle durch den Menschen.

Automatisierung der Produktion 516318719419817 – Prozess der maschinellen Produktion, bei dem technologische Operationen, Steuerung und Kontrolle mit Hilfe von Maschinen, maschineller Technik, Geräten und automatischen Anlagen ausgeführt werden.

B

Bank 318614564817 – Kredit- und Finanzorganisation, deren wichtigste Funktionen die Akkumulation vorübergehend freier Geldmittel und deren Bereitstellung als Kredit für andere Organisationen sind.

Bankdarlehen 31848561947 – Geldbetrag, der natürlichen und juristischen Personen für einen bestimmten Zeitraum zu einem festgelegten Zinssatz zur Verfügung gestellt wird.

Bankkapital 31482121847 – Gesamtheit der Geldkapitalien, sowohl Eigenkapital als auch Fremdkapital, mit denen die Bank arbeitet.

Banknote 314816719481 – Variante der Geldmittel, die zur Verwirklichung von Darlehensoperationen gegen Pfand der Waren herausgegeben werden, Wechsel; Papiergeld (Banknoten) deren Emission durch Zirkulation und Zahlungen vorausbestimmt ist.

Bankrott 58941418517 – Insolvenz, Unfähigkeit einer juristischen Person ihre Obligationen zu zahlen wegen fehlender Geldmittel.

Bankschein 714819648514 – Schuldverschreibungen, die das Geld ersetzen.

Bargeldlose Verrechnungen 94821729878 – Verrechnungen, die ohne bare Geldmittel durch Überweisung der Beträge vom laufenden oder Verrechnungskonto des Zahlungspflichtigen (des Käufers) auf das Konto des Empfängers (des Verkäufers) ausgeführt werden.

Bartergeschäft 487198598641 – direkter bargeldloser Warenaustausch. Hauptursache für Bartergeschäfte sind Valuta- und Geldprobleme.

Barwert 514216519718 – ökonomische Kennziffer, die für die Auswahl einer effektiveren Variante des Investitionsprojekts genutzt wird.

Basis 318471819712 – ökonomische Kennziffern, die als Grundlage für den Vergleich mit anderen Kennziffern dienen.

Bauliche Anlagen 598748319 71 – passiver Bestandteil des produktiven Anlagevermögens, der Ingenieur-Bauobjekte einschließt, die für die Durchführung des Produktionsprozesses notwendig sind und nicht verbunden sind mit der Veränderung der Arbeitsgegenstände (Pumpstationen,

Tunnel, Brücken usw.).

Bedarf an Ausrüstung 571481498 – quantitative Einschätzung des Bedarfs an Ausrüstung für die Erfüllung des geplanten Produktionsvolumens (für einen Monat, ein Quartal, ein Jahr).

Bedingte Einsparung 548 691319 814 – rechnerische Größe der Einsparung im Ergebnis der Einführung der Errungenschaften des wissenschaftlich-technischen Fortschritts in den Produktionsprozess oder Erfüllung anderer organisatorischer Maßnahmen, die der Plan einschließt.

Beratungsfirma 549491819471 – spezielle Organisationen, die die Beratung der Industriebetriebe und einzelner natürlicher Personen zu laufenden Problemen der Ökonomie, des Rechts, der Finanzen durchführen.

Bereich der Dienstleistungen 648314219715 – Erweisung materieller und nichtmaterieller Dienstleistungen durch verschieden Zweige der Volkswirtschaft.

Bereich der materiellen Produktion 497 148219 6143172194 – Komplex der Zweige der Volkswirtschaft, die Produkte der materiellen Produktion herstellen und verkaufen (Produkte der Industrie, der Landwirtschaft u. dgl.) einschließlich der Erweisung materieller Dienstleistungen bei der Beschaffung, bei Kauf und Verkauf u. dgl.

Beruf 214618319 917 – Hauptform der Tätigkeit der wirtschaftlich aktiven Bevölkerung, die bestimmte Kenntnisse und fachliche Eignung besitzt (zum Beispiel, Schriftsteller, Arzt, Gelehrter, Lehrer u. dgl.).

Beruf 498 682319 497 – Spezialisierung der Arbeitstätigkeit im Rahmen eines konkreten Berufs, die das Vorhandensein von speziellen Kenntnissen, Bildung und Erfahrung vorsieht.

Beschaffungslogistik 69871231941 – Untersystem der Steuerung der Produktion, das den Prozess der Befriedigung der Bedürfnisse der Produktion an Rohstoff und anderen Materialien ausweist und die ökonomische

Bewertung der Bewegung der Gesamtheit der Materialströme bei einer Minimierung der Ausgaben für ihren Erwerb, Transport und Lagerung vorsieht.

Beschäftigung der Bevölkerung 218 494517601 – sozial-ökonomische Charakteristik, die die Formierung, Verteilung und Nutzung der Arbeitsreserven auf der Grundlage der Bewertung der Fähigkeiten des Menschen und der Arbeitstätigkeit, des Vorhandenseins der notwendigen Bildung, die durch die Bezahlung der Arbeit festgelegt ist, ausweist.

Beschleunigte Abschreibung 719 649518 714 – Methode, die es ermöglicht, einen großen Teil des Wertes des produktiven Anlagevermögens in den ersten Jahren seiner Nutzung auf das Endprodukt zu übertragen.

Beschränkte Haftung 548 612219 71 – Haftung des Aktionärs für die Schulden der Aktienorganisation; kann nicht den Wert der ihm gehörenden Aktien übersteigen.

Bestandsrisiko 498 714219 489 – Verluste, die im Ergebnis der Abwertung der Sachwerte infolge der Senkung der Preise und des moralischen Verschleißes der Ware entstehen können.

Bestellung 316714518971 – Vereinbarung, Vertrag, der zwischen dem Warenproduzenten (Verkäufer) und dem Käufer abgeschlossen wird, in dem das Interesse des Verbrauchers am Erwerb (Kauf) einer bestimmten Ware mit Angabe aller notwendigen technisch-ökonomischen Charakteristiken (Preis, Anzahl, Qualität) und die Lieferbedingungen mit Angabe der Verantwortlichkeit für die Unversehrtheit der Ware angegeben ist.

Besteuerte Einkünfte 571498 497 – Teil des Bruttoeinkommens natürlicher oder juristischer Personen, der als Basis für die Berechnung der Pflichtabgaben an den Haushalt dient.

Besteuerung 31971851641 – Prozess der Festlegung und Erhebung von Steuern, die auf der Grundlage des von der Gesetzgebung festgelegten geltenden Systems der Steuern und Steuersätze von natürlichen und juristischen Personen in den Staatshaushalt eingebracht werden.

Besteuerungsgrundlage 718481061498 – Gesamtheit der Einkünfte natürlicher oder juristischer Personen, die steuerpflichtig sind.

Betrieb 47131951841 – selbständiges wirtschaftliches Subjekt, ausgestattet mit den Rechten einer juristischen Person und eigene oder gepachtete Produktionsanlagen nutzend, die die Herstellung und den Verkauf der Produktion (der Dienstleistungen) sichern zur Befriedigung der Bedürfnisse der Gesellschaft und zur Erzielung von Gewinn.

Betriebsanalyse 589614219712 – Methode der komplexen Untersuchung der Resultate der Tätigkeit des Industriebetriebs und seiner Unterabteilungen.

Betriebsgemeinkosten 671 674891 712 – Ausgaben, die mit der Leitung und Organisation der Produktion des Betriebs verbunden sind.

Betriebskapital 371 821498317 – Gesamtheit der materiellen und Geldwerte, die für das normale Funktionieren des Produktionsprozesses und des Verkaufs der Produktion erforderlich sind.

Betriebssystemverhältnisse 589 712619 74 – Kennziffern der Tätigkeit des Betriebs, die das Verhältnis des Gewinns und des Kostenaufwands widerspiegeln, das heißt, des Gewinns, der auf eine Geldeinheit des Kostenaufwands entfällt.

Bewertung der grundlegenden Produktionsanlagen 548317314811 – Bestimmung des Wertes der grundlegenden Produktionsanlagen. Man unterscheidet einige Arten der Bewertung.

Bewertung des Eigentums 619317219498 – alle Ausgaben zur Bildung der gesamten grundlegenden Produktionsanlagen und Umlaufmittel, ebenso die Ausgaben für die Erhaltung des produktiven Anlagevermögens in einem arbeitsfähigen Zustand.

Bezugsjahr 581318718492 – das Jahr, das als Grundlage für die Berechnung des Tempos der Veränderung der Kennziffern und Indizes genommen wird.

Bilanz der Einnahmen und der Ausgaben 71948919814 – finanzielles Ergebnis der Tätigkeit des Betriebs, bewertet in Geldform auf der Grundlage des Systems der technisch-ökonomischen Kennziffern.

Bilanzwert 51489119489 – Anschaffungswert des produktiven Anlagevermögens (des Grundkapitals) einschließlich des Wertes der Arbeitsmittel (für Gebäude und Anlagen – einschließlich des Anschlagswerts des Bauwerks) unter Berücksichtigung ihres Transports und ihrer Montage.

Bildung der Nachfrage 94218319718 – System organisatorisch-ökonomischer Maßnahmen des Marketingdienstes des Betriebs für die Sicherung des Absatzes des Endprodukts, das auf der Grundlage der Ergebnisse der Marktanalyse mit dem Ziel der Einschätzung der Zahlungsfähigkeit potentieller Käufer, des Grades der Wettbewerbsfähigkeit der eigenen Erzeugnisse und der potentiellen Möglichkeiten der Konkurrenten, der Befriedigung der Bedürfnisse und der Wahrscheinlichkeit des Erscheinens von Ersatzprodukten ausgearbeitet wird.

Bindung der Umlaufmittel 219618 214 – Einziehung eines Teils der Umlaufmittel aus dem Produktionsprozess für nicht geplante Maßnahmen unter der Bedingung ihrer weiteren Nutzung entsprechend ihrer Bestimmung.

Bodenschätze 219 815317 64 – natürliche mineralische Gebilde sowohl organischer als auch anorganischer Herkunft (zum Beispiel Erdöl, Gas, Edelsteine, Erze, u. dgl.), die in der Sphäre der Produktion als Rohstoffe, Material, energetische Ressourcen genutzt werden.

Bonded load 489 716519481 – Importware, die im Zolllager aufbewahrt wird bis zur Zahlung der Zollgebühren.

Börse 689714891491 – Form des ständig wirkenden Systems des Ankaufs und Verkaufs auf der Grundlage des Abschlusses einer zweiseitigen Vereinbarung.

Braindrain 315 478498 671 – Prozess der Abwanderung intellektueller Arbeitskräfte und hoch qualifizierter Arbeiter zum ständigen (oder befristeten) Wohnsitz im Ausland.

Brief 319314 898 61 – verallgemeinerte Bezeichnung für dem Inhalt nach verschiedene Dokumente, die als Verbindungsmittel zwischen Einrichtungen und zwischen Einrichtungen und privaten Personen dienen.

Broker 518471219516 – Vermittler, der im Auftrag interessierter Personen (Käufer und Verkäufer) und auf ihre Rechnung an der Börse den Ankauf und Verkauf von Waren, Wertpapieren durchführt.

Bruttoeinnahmen 516318 – Gesamtergebnis der Tätigkeit des Betriebs, der Firma, einschließlich des Erlöses vom Verkauf der Erzeugnisse, des Liquidationswertes des ausgeschiedenen Eigentums, der Einnahmen aus der nichtindustriellen Tätigkeit.

Bruttoinlandsprodukt 189014 918715 – ökonomische Kennziffer, die den Gesamtwert des Endprodukts (Waren und Dienstleistungen), das im Land in einem bestimmten Zeitabschnitt geschaffen wurde, ausdrückt.

Bruttonationalprodukt 9148153116498 – ökonomische Kennziffer, die den Marktwert des im Laufe eines Jahres im Land erzeugten (fertigen) Endprodukts angibt.

Bruttoproduktion 317148648141 – Kennziffer der ökonomischen Kosten, das Gesamtvolumen der Erzeugnisse, hergestellt in einem bestimmten Zeitabschnitt (Monat, Quartal, Jahr) ausgedrückt in Geld ohne Berücksichtigung der Mehrwertsteuer.

Bruttosozialprodukt 421516318714 – Wert der Jahresproduktion im Bereich der materiellen Produktion.

Buchführung 716518319478 – System der ständigen Abrechnung und Kontrolle der Nutzung finanzieller Mittel und materieller Werte.

Buchhaltungsbilanz 481617319514 – Bestandteil der Buchführung.

Buchwert 548 614891 498 – Wert der Grundmittel und nichtmateriellen Aktiva, nach dem sie in die Buchführung genommen werden.

Budget 564318517318 – ausgeglichener Haushaltsplan der Einnahmen und Ausgaben für eine bestimmte Periode, ausgedrückt in Geld.

Business 194198514716 – ökonomische Tätigkeit mit eigenen oder fremden Mitteln auf eigenes Risiko und eigene Verantwortung mit dem Ziel, Einahmen, Gewinn zu erzielen.

Business-Plan 486148519819 – Grundprogramm der unternehmerischen Tätigkeit der Firma, das ökonomisch begründete organisatorisch-technische Maßnahmen einschließt.

C

Clearing 519471219641 – System der gegenseitigen bargeldlosen Verrechnung des Kaufs und Verkaufs von Sachwerten und Dienstleistungserstellung.

Consulting 56482131947 – Dienstleistungserstellung bei der Durchführung von Konsultationen der Subjekte der Marktwirtschaft (Käufer, Verkäufer, Warenproduzenten) zu Fragen der Organisation, Steuerung der Ökonomik des Betriebs, der Firma usw.

Controlling 619 217218 497 – Steuerung der Koordination und der Bereitstellung von Informationen des Prozesses der Erreichung der Endziele des Betriebs auf der Grundlage der Verallgemeinerung der Berechnungs-, Analyse-, Plan- und Kontrollergebnisse der wirtschaftlichen Tätigkeit.

D

Darlehen 318 648219 714 – Übergabe von Geldmitteln oder Eigentum auf Kredit durch eine natürliche oder juristische Person an eine andere natürliche oder juristische Person unter der Bedingung der Rückzahlung nach einer bestimmtem Zeit einschließlich der Zahlung der Zinsen für die Nutzung des Darlehens.

Darlehensnehmer 314821318491 – natürliche oder juristische Person, die sich entsprechend einem abgeschlossenen Vertrag verpflichtet, zu einem festgelegten Zeitpunkt das vom Kreditgeber erhaltene Darlehen zurückzugeben und die entsprechenden Zinsen für den genutzten Kredit zu zahlen.

Das Marketingprinzip 51431881947 – entsprechend der Theorie des Marketings sind die Hauptprinzipien dieses Leitungssystems auf die Sicherung des Wachstums des Rentabilitäts-niveaus der Rentabilität der Produktion und der Produkte, auf die Vervollkommnung der Produktions- und Absatztätigkeit in Übereinstimmung mit den Interessen des Marktes, auf die Positionierung, die Analyse des Zustands der aktiven Märkte und die Prognose der Perspektive seiner Entwicklung u. dgl. gerichtet.

Das Paradox des Wertes 748549 – hoher Gebrauchswert der Ware bei einem niedrigen Tauschwert (Preis).

Dauer des Produktionszyklus 914815 419718 – technologischer Prozess der Herstellung eines Erzeugnisses der nach der Zeit von der ersten bis zur abschließenden technologischen Operation bewertet wird.

Dealer 564814519712 – Mitglied der Effektenbörse, das Wertpapiere auf eigene Initiative und auf eigene Rechnung ankauft und verkauft.

Debet 318782614417 – Linke Seite der Buchführung. Der Bestand an materiellen Warenwerten und Geldmitteln, ebenso ihre Vergrößerung werden im Debet des Aktivkontos festgehalten, die Quellen der Geldmittel und ihre Verringerung – im Debet des Passivkontos.

Debitor 319518614217 – Schuldner des Betriebs oder der Firma.

Defizit 61401568148 – Nachfrageüberhang, der sich in nicht vollständiger Versorgung mit materiellen Werten, Geräten, und Arbeitsgegenständen, Arbeitskraft, Waren des täglichen Bedarfs.

Deposit 319618719814 – Geldmittel, Aktien, Wechsel und andere Werte, die sich zur befristeten Aufbewahrung in Finanz- und Krediteinrichtungen befinden und über die der Konteninhaber (Depositor) nach seinem Ermessen verfügen kann.

Depositenzins 519312619712 – Zinssatz, der durch die Bank für die Guthaben der Klienten gezahlt wird.

Depression 564898719612 – Einbruchsphase oder Phase des Industriezyklus, unmittelbar auf die Wirtschaftskrise folgend, d.h., auf die Periode der starken Kürzung der zahlungskräftigen Nachfrage und des Wachstums des Warenausstoßes (Überproduktion).

Deregulierung 57849861451 – Aufhebung der staatlichen Kontrolle.

Desinflation 564517 498748 – Sinken des Niveaus der Inflation oder völlige Beseitigung der Inflation.

Destabilisierung der Industrieökonomik 519814519711 – Maßnahme ökonomischen Charakters, die zur Störung der Balance zwischen Einnahmen und Ausgaben und zur Entstehung eines negativen Saldos führt, was einen unmittelbaren Einfluss auf die Instabilität der wirtschaftlichen Lage des Betriebs hat.

Determinismus 81971488 481 – eine der Formen der gesellschaftlichen Entwicklung, begründet auf den wissenschaftlich-technischen Fortschritt.

Devisenkurs 18942149718516 – Anzahl der Devisen- oder Geldeinheiten eines Landes die für den Erwerb der Geldeinheit eines anderen Landes nötig ist.

Die Arbeiter in der Produktion 514 614851318 – Gruppe von Arbeitern, die unmittelbar am Prozess der Herstellung der Produktion durch die Einwirkung auf die Arbeitsgegenstände mit den Arbeitsmitteln teilnimmt.

Dienstleistungen 4931518641491 – Art der Arbeiten, nicht an die Produktion gebundene Erwerbstätigkeit einer natürlichen oder juristischen Person mit dem Ziel der Befriedigung bestimmter Bedürfnisse der Käufer (Kunden).

Dienststellung 317421898516 – bestimmte Position im Leitungssystem der Organisation, die von einer Person eingenommen wird, die die organisatorischen, Leitungs- oder wirtschaftlich-verwaltungsmäßigen Pflichten erfüllt.

Direktbeziehungen 518 649319 817 – Vereinbarungen, die zwischen Produzenten, Verbrauchern und Lieferanten von Sachwerten über die planmäßigen Lieferungen verschiedener Produktionsreserven, Endprodukte und Erfüllung von Dienstleistungen abgeschlossen werden.

Direkte Steuer 4864728941 – durch die Gesetzgebung festgelegte Pflichtabgabe an den Staatshaushalt, die vom Einkommen oder vom Gewinn juristischer und natürlicher Personen erhoben werden.

Direkter Aufwand 564917319817 – Ausgaben streng geplanter Bestimmung. Gehen durch die Methode der direkten Abrechnung ein in die Selbstkosten einer Einheit der Produktion, z.B. die Ausgaben für Grundmaterialien, Arbeitslohn der Grundproduktionsarbeiter.

Diskont 519617 918489 – Differenz zwischen dem Nominalwert des Wertpapiers und seinem Verkaufspreis; Senkung des Preises der Ware (Preisnachlass).

Diskontierung der Ausgaben 564 712819 516 – Reduktion der Ausgaben verschiedener Zeiten bei der Bewertung der Effektivität des Investitionsprojekts auf die Ausgaben der Anfangs- und der Endperiode auf der

Grundlage der Anwendung des Zinseszins.

Diskontierungssatz 31864831951 – zeitlich festgelegter Prozentsatz für die Auszahlung der Dividenden für die Aktien, für Depositen zur Bestimmung der Summe der Kreditrückzahlung.

Diskontierungssatz von Einkommen 314513318451 – Anteil des durchschnittlichen Nettogewinns, der von der Realisierung des Investitionsprojekts kommt und der Größe des vorgeschossenen Geldkapitals (Wert des Investitionsprojekts) entspricht.

Diskontpolitik 519 817498 218 – Politik des Finanzsystems, gerichtet auf Veränderung des Diskontsatzes für den Kredit.

Dispatcherisierung 318614 718512 – Koordinierung und Festlegung der Reihenfolge der Ausführung aller Operationen, die in den Prozess der operativen Steuerung der produktions-wirtschaftlichen Tätigkeit des Industriebetriebs einbezogen sind.

Diversifikation 498485 48917 – Erweiterung der Sphäre der wirtschaftlichen Tätigkeit des Betriebs, der Vereinigung oder des Industriezweigs mit dem Ziel der Vergrößerung des Fabrikationsprogramms und der Erhöhung des Anteils neuer Erzeugnisse im allgemeinen Produktionsvolumen, was zu einer Umorientierung der Strategie der Warenpolitik zur Festigung der Lage auf dem Absatzmarkt führt.

Dividende 519316 918714 – Teil des Gewinns, den die Aktiengesellschaft in einer bestimmten Zeit nach Zahlung der Steuern, nach Bereitstellung der Mittel für die Entwicklung der Produktion, für soziale Belange und Versicherung erzielt hat und der unter den Aktionären (Aktienbesitzern) entsprechend dem Beschluss der allgemeinen Aktionärversammlung aufzuteilen ist.

Dokumentendurchlauf 548 617319714 – Bewegung der Geschäftspapiere innerhalb des Betriebs, der Firma, der Einrichtung.

Dotation 319418719491 – nicht zurückzuzahlende Budget-Subvention (Hilfe), die an Betriebe, Organisationen, Einrichtungen als Entschädigung von Verlusten durch die Herstellung oder den Verkauf der Produktion gezahlt wird, ebenso als Stützung wegen der niedrigen Einzelhandelspreise für Waren des täglichen Bedarfs.

Dumping 518914319714 – Art des Konkurrenzkampfes, wenn auf dem Markt eine große Anzahl von Waren erscheint, die zu künstlich gesenkten Preisen verkauft werden, in einigen Fällen niedriger als die Selbstkosten; Warenexport zu niedrigeren Preisen.

Duopol 48942818949 – Markt, auf dem eine bestimmte Produktion nur von zwei Vertretern nicht durch einen Vertrag über den Preis verbundener großer monopolistischer Industriegruppen verkauft wird.

Durchlassfähigkeit der Ausrüstung 648517 – Reversindikator der Nutzung der Ausrüstung.

Durchschnittsalter der Ausrüstung 819498796315 – durchschnittliches Alter des Ausrüstungsparks.

Dynamik der laufenden Ausgaben 318617 918714 – Abhängigkeit der Veränderung der laufenden Ausgaben für die Produktion der Erzeugnisse vom Wachstum oder von der Kürzung des Volumens der Produktion.

E

Effekt der Arbeit 519 649319 718 – Veränderung des Realeinkommens infolge der Preisbildung.

Effektiver (wirklicher) Zeitfonds 614 212318 617 – effektiv genutzte Zeit im Laufe der Planungsperiode.

Effektivität des Austauschs der Ausrüstung 319 618219 718 – abgesehen von der Senkung des Durchschnittsalters der Ausrüstung und des

Anwachsens des Jahresarbeitszeitfonds der Ausrüstung wird die Erhöhung des Anteils der fortschrittlichen Ausrüstung gesichert, folglich auch das technische Niveau der Produktion.

Effizienter Markt 698 721319 78 – Bedingung, die die unverzügliche Reaktion auf die Marktpreise sichert.

Eigenes Umlaufvermögen 519 648319 712 – Teil der Umlaufmittel, der die Unabhängigkeit des Eigentums und die finanzielle Stabilität des Betriebs kennzeichnet.

Eigentum 189 472194898 – Zugehörigkeit der Mittel und Erzeugnisse der Produktion zu bestimmten Personen – natürlichen oder juristischen.

Eigentum des Betriebs 218317 498317 – Grund- und Umlaufkapital aber auch andere materiellen Vermögensgegenstände, deren Wert in selbständigen Bilanzen des Betriebs, der Firma fixiert ist.

Eigentümer 549317 498174 – natürliche oder juristische Person, die das Recht des Besitzes, der Nutzung und der Verfügung über das Eigentum besitzt.

Eigentumsrecht 561481 – Festlegung der Rechtsnormen zum Schutz der materiellen Güter natürlicher und juristischer Personen entsprechend der Gesetzgebung der RF.

Eigentumsversicherung 519 614812 – Art der Versicherung, deren Gegenstand das Eigentum der Bürger und der Betriebe ist.

Einander ausschließende Alternativen 564891319718 – Varianten des Projekts, die die Verwirklichung eines Ziels vorsehen. Zur Einführung wird die effektivere Variante angewandt.

Einführung einer Ware auf dem Markt 61431851971 – Gesamtheit der organisatorischen und ökonomischen Maßnahmen, die auf die Vergrößerung der Nachfrage und das Anwachsen des Verkaufs gerichtet sind.

Einheit der Kapitalisierung 648518798417 – Wert des Elements der

Produktionsgrundfonds (Maschinen, Ausrüstung, Gebäude, Anlagen usw.), festgehalten im Konto des Investitionsaufwands.

Einheitliche Elastizität 316548919217 – Bedingung, bei der der Erlös vom Verkauf einer bestimmtem Ware unverändert bleibt, das heißt, das Tempo des Wachstums (der Kürzung) des Volumens der Verkäufe ist identisch mit dem Tempo der Senkung (Erhöhung)der Preise.

Einheitlicher Betrieb 649 317318 64 – staatliche kommerzielle Organisation ohne das Recht auf Besitz von Eigentum.

Einkommen 589317318614 – Geldmittel und materielle Werte, die juristische und natürliche Personen als Provision für geleistete Dienste erhalten. Einkommen ist charakteristisch für die nichtproduktive Sphäre (Handel, Banken, Verkehrswesen, Post usw.).

Einkommenseffekt 518 617219 71 – Veränderung des Realeinkommens des Käufers als Folge der Preissteigerung oder der Preissenkung.

Einkommenssteuer 42851748948 – Grundform der direkten Steuer, die vom Einkommen oder Gewinn des Betriebs erhoben wird und als Einnahme in den Staatshaushalt kommt.

Einschätzung der Wettbewerbsfähigkeit 489718 – Einschätzung der finanziellen Lage und der Möglichkeiten des Kreditnehmers, den Kredit termingemäß zu löschen.

Einschätzung des produktiven Anlagevermögens 614813519714 – Methoden, die für die Einschätzung des Wiederherstellungswertes genutzt werden, das heißt, jenes Wertes, der die Zeit ausweist, die für die Wiederherstellung der Ware unter modernen Bedingungen notwendig ist.

Einsparung 59421849871 – System organisatorisch-technischer Maßnahmen, die auf die rationelle Nutzung der materielle, menschlichen und Geldressourcen im Prozess der Produktion der Sachwerte gerichtet sind.

Einsparung bei Abschreibungen 219314218711 – Einsparung, die erreicht wird im Ergebnis der Verbesserung der Nutzung der effektiven Arbeitszeit der Ausrüstung.

Einsparung bei Festkosten 498716219714 – Einsparung, die auf Kosten der Vergrößerung des Produktionsvolumens erreicht wird.

Einsparung materieller und energetischer Ressourcen 564189498712 – Einsparung, die im Ergebnis der Verwirklichung der Maßnahmen zur Verbesserung der Nutzung der materiellen und energetischen Ressourcen erreicht wird.

Einzelhandel 498712674918 – Tätigkeit des Verkaufs von Waren und Dienstleistungen an die Bevölkerung auf dem Inlandsmarkt, das heißt, an den Endverbraucher zur persönlichen Nutzung.

Einzelproduktion (Individuelle) 519612719491 – Typ der Organisation der Produktion für die Herstellung der Erzeugnisse des begrenzten Verbrauchs (Einzelfertigung).

Endprodukt 59871249821 – Produktion, die alle technologischen Operationen (einschließlich Montage und Kontrolle) durchlaufen hat, in der Produktion entsprechend den festgelegten Standards oder technischen Bedingungen vollendet und in das Lager zum Verkauf gegeben wurde.

Endproduktion 49148189816 – Erzeugnis, das alle technologischen Stadien des Produktionsprozesses durchlaufen hat, den festgelegten Standards oder den technischen Bedingungen entspricht und durch die Abteilung für technische Kontrolle für den Verkauf angenommen wird.

Energieeinsatz der Arbeit 714 728519 618 – Kennziffer, die die Leistung der entsprechenden Energieträger ausweist, die auf einen durchschnittlichen Arbeiter kommt.

Energiereserven des Betriebs 61931851964 – Gesamtheit aller Arten von Energie und Energieträgern (Kraftmaschinen, Transformatoranlagen und andere Energieträger, die für die Produktion und die Verteilung der

42

Energie im Betrieb genutzt werden), die den Produktionsprozess und anderen Energiebedarf (Beleuchtung, Heizung u. dgl.) sichern.

Engineering 516318514217 – Sphäre der Tätigkeit einer kommerziellen Organisation (Gesellschaft) zur Versorgung der Objekte (Betriebe) der Industrie und anderer Wirtschaftszweige mit ingenieur-konsultativen Diensten zur Organisierung der Produktion und des Verkaufs der Produktion.

„Engpass" 431 489516 71 – Situation, die im Resultat von Fehlern in der Organisation der Produktion entsteht, wenn der Arbeitsplatz nicht mit materiellen, menschlichen oder Kraftstoff- und Energieressourcen versorgt wird; Überhöhung der Arbeitsproduktivität bei der vorhergehenden technologischen Operation (oder der Kapazität der Anlage) über die Arbeitsproduktivität der darauf folgenden Operation, die infolge der fehlenden Einbindung des Parks der grundlegenden technologischen Ausrüstung entsteht.

Entdeckung 564 714 – grundlegende Veränderung im Erkenntnisstand auf der Grundlage des Erscheinens neuer objektiv existierender Gesetzmäßigkeiten über die Veränderung der Welt.

Entsorgung von Industrieabfällen 317 498513 471 – Verarbeitung industrieller Abfälle zu ihrer weiteren Nutzung; eine der Richtungen der Erhöhung der Effektivität der Nutzung materieller Ressourcen.

Entwickelndes Marketing 498317519641 – Prozess der Formierung der Nachfrage nach den Waren (Dienstleistungen), für die auf dem Markt ein Interesse festgestellt wird, das aber wegen des Fehlens der entsprechenden Produktion nicht befriedigt werden kann.

Erhöhung der Nachfrage 4853131947 – Erhöhung der Nachfrage nach Verbrauchsgütern im Ergebnis des Wachsens der Bevölkerungszahl oder des Pro-Kopf-Einkommens der Bevölkerung.

Erneuerung des Ausrüstungsparks 671 49881 – Wechsel der physisch verschlissenen und moralisch veralteten Ausrüstung in neuere und

43

produktivere.

Erweiterung der Absatzmärkte 74931721978 – Ausarbeitung eines Maßnahmeplans zur Steigerung des Verkaufs der Waren durch die Einführung auf neue Märkte.

Erweiterung der Produktion 64121489871 – Neubau, Erweiterung und Umbau bestehender Abteilungen und anderer Produktionsobjekte, die nach einem bestätigten Projekt unter Berücksichtigung des Voranschlags der Ausgaben durchgeführt werden.

Exklusiver Verkauf 69849131971 – Verkauf der eigenen Produktion durch den Warenhersteller auf einem konkreten Markt durch den einzigen Vertreter des Groß- oder Einzelhandels.

F

Fabrikationsprogramm 2193174194 – Verzeichnis der Waren (der Dienstleistungen), die auf dem Markt vorgestellt werden oder im Produktionsplan des Betriebs (der Firma) enthalten sind.

Fachliche Spezialisierung 698 749219 814 – Konzentration der Produktion auf ein bestimmtes Fabrikationsprogramm, das für verschiedene Industriezweige der Volkswirtschaft bestimmt ist.

Fairer effektiver Wettbewerb 519 617719 814 – Wettbewerb zwischen den Warenproduzenten im Bereich Herstellung und Verkauf der Produktion (der Ware), wobei die Schmälerung der Rechte der Verbraucher und der monopolistische Einfluss auf die Bedingungen der Produktion und des Verkaufs ausgeschlossen sind.

Faktoren der Selbstkostensenkung 498 314219 618 – System organisatorisch-technischer Maßnahmen, die mit dem Ziel der Kürzung der laufenden Ausgaben für die Produktion und den Verkauf der Produkte durchgeführt werden.

Faktoren der Steigerung der Arbeitsproduktivität 718 893219 618
– qualitative und quantitative Veränderungen in der Organisation der materiellen Produktion, die die Steigerung der Arbeitsproduktivität sichern.

Feste Abführungen 719 748219 642 – Pflichtabgaben an den Haushalt eines Teils des Gewinns, dessen Zuwachs nicht mit der Nutzung der Produktionsreserven verbunden ist, sondern ein Ergebnis der Haushaltszuwendungen für die Entwicklung des Betriebs, der Firma ist.

Fester Preis 574 617217 914 – Preis, der in der gesamten Frist der Vereinbarung immer gültig ist, zum Beispiel der Preis für eine gelieferte Ware.

Finanzabrechnung 219 816 – Form der Abrechnung, die die gesamte Bilanz der Firma einbezieht; Gewinn- und Verlustrechnung.

Finanzanalyse 598492564317 – Untersuchung der Richtlinien zur Sicherung der Stabilität der finanziellen Lage des Betriebs.

Finanzblockade 519 618558 19 – System von Maßnahmen, gerichtet auf die Kürzung oder Einstellung von Exportlieferungen, Abschaffung der durch die Finanz- und Kreditorganisationen des Staates oder einer Gruppe von Ländern in Bezug auf einen anderen Staat geschaffenen Vorzugsbedingungen der Versicherung, des Kredits.

Finanzen des Betriebs (der Firma) 514318319418 – System der finanz-ökonomischen Beziehungen, die im Prozess des Kreislaufs des produktiven Anlagevermögens und der Umlaufmittel im Bereich der Produktion und Zirkulation.

Finanzierung 578 491319 641 – Tätigkeit des Betriebs, der Firma, die auf die Deckung der Bedürfnisse mit finanziellen Ressourcen für einmalige und laufende Ausgaben gerichtet ist.

Finanzkontrolle 319 648218 714 – Kontrolle der Tätigkeit der Firma (des Betriebs) seitens der Bank, die auf der Grundlage der Nutzung der wertmäßigen Plankennziffern durchgeführt wird und die Produktion, die Verteilung, den Umlauf und den Bedarf an Sachwerten, ausgedrückt in Geld, erfasst.

Finanzplan 485 461319 618 – Plan, der in Geldform die Bilanz der Einnahmen und der Ausgaben, sowie die finanziellen Ergebnisse der Tätigkeit des Betriebs (der Firma) ausweist.

Finanzreserven 71964851978 – Geldmittel, die Eigentum des Staates sind, Betriebe, Organisationen und andere juristische und natürliche Personen.

Finanzstrom 491 516218 614 – Bewegung der Geldmittel (der finanziellen Mittel), die als logistisches System der finanz-ökonomischen Verhältnisse im Prozess der Beförderung der Sach- und Nichtsachwerte (Dienstleistungen, Umlaufmittel, nichtmaterielle Aktiva u. dgl.) auftreten.

Firma 47131421981 – industrieller, Handels- oder Wirtschaftsbetrieb, der mit den Rechten einer juristischen Person ausgestattet ist.

Fiskalpolitik 51831949871 – Politik des Staates im Bereich der Besteuerung und der Formierung der Einnahmen- und Ausgabenseite des Staatshaushalts.

Fixe Kosten (nicht proportionale) 498316319712 – Ausgaben, die sich bei Veränderung des Volumens der Produktion nicht wesentlich ändern (Kosten für Heizung, Beleuchtung, allgemeine Abteilungs- und Betriebskosten u. dgl.).

Flexibilität 548578914216 – Vorhandensein von verschiedenen Organisationsmöglichkeiten sich schnell auf die veränderten Bedingungen des Prozesses der unternehmerischen Tätigkeit umzustellen.

Flexible Technologie 517891619318 – Möglichkeit, die geltende Technologie schnell für die Herstellung eines neuen oder teilweise ausgetauschten Fabrikationsprogramms umzustellen.

Fließbandproduktion 619 717481 – effektivere Form der Organisation der Produktion, die die Übereinstimmung der technologischen Operationen in der Zeit, im Rhythmus der Arbeit jedes spezialisierten Arbeitsplatzes vorsieht.

Fonds der Entwicklung und Verbesserung der Produktion 648317219498 – Fonds, der für die Finanzierung der Einführung der Errungenschaften des wissenschaftlich-technischen Fortschritts, für die Erneuerung der grundlegenden Produktionsanlagen, für die Verbesserung der Organisation der Produktion, für die Durchführung wissenschaftlicher Forschung und experimenteller Entwicklung, für die Verwirklichung weiterer organisatorisch-technischer Maßnahmen bestimmt ist.

Fondsbörse 49831721947 – ständig funktionierender Markt, auf dem der Kauf-Verkauf von Aktien, Obligationen und anderer Wertpapiere durchgeführt wird.

Fondsergiebigkeit 317518614217 – verallgemeinernde Kennziffer, die die Nutzung der grundlegenden Produktionsanlagen charakterisiert.

Fondsintensität der Produktion 319718317498 – Kennziffer, die der Fondsergiebigkeit entgegengesetzt ist; wird verwendet zur Bestimmung der Bedürfnisse im produktiven Anlagevermögen. Wird berechnet als das Verhältnis des jahresdurchschnittlichen Wertes der grundlegenden Produktionsanlagen zum Wert der erzeugten Produktion in einem bestimmten Zeitabschnitt.

Forderungen/Debitoren 314828 498717 – Ergebnis der wirtschaftlichen Tätigkeit, wenn sich bei dem Betrieb eine Summe der ihm zustehenden Schulden bildet.

Forschung und Entwicklung 69871481 – Tätigkeit der wissenschaftlichen Forschungsorganisationen, Versuchs- und Konstrukteurorganisationen und der entsprechenden Unterabteilungen des Betriebs, die an den theoretischen, experimentellen, wissenschaftlichen Untersuchungen und Ausarbeitungen zur Schaffung einer neuen Produktion und fortschrittlicher Technik unter Nutzung der Errungenschaften des wissenschaftlich-technischen Fortschritts, der Vervollkommnung der Organisation und der Leitung der Produktion teilnehmen

Fracht 498513219714 – Zahlung für den Transport der Sachwerte oder der Passagiere auf dem Wasserweg. Wird nach dem Transport erhoben.

Frachtumschlag 59418739861 – ökonomische Kennziffer, die die durch den Gütertransport verrichtete Arbeit angibt. Berechnet nach dem Gewicht der Ladung, das in einem bestimmten Zeitabschnitt über eine Entfernung transportiert wird.

Franko 498319519451 – Verteilung der Transportausgaben beim Kauf-Verkauf (Lieferung) der Ware.

Freier Preis 314 713898 64 – Variante des Marktpreises oder des Vertragspreises, die vom Warenproduzenten auf der Grundlage der Nachfrage oder eines Vertrags zwischen dem Käufer und dem Verkäufer festgelegt wird.

Freier Vertragspreis 514 697894 798 – Preis, der auf Vertragsgrundlage zwischen dem Warenproduzenten (Verkäufer) und den Käufer, die unter den Bedingungen der Marktbeziehungen arbeiten, gebildet wird.

Freisetzung von Arbeitskräften 618712319412 – Resultat des Rückgangs der Produktion, der Einführung von Ergebnissen des wissenschaftlich-technischen Fortschritts.

Freisetzung von Umlaufmitteln 617514319421 – Ergebnis der rationellen Nutzung der Umlaufmittel.

Fremdmittel 314964818571 – Teil der Umlaufmittel, deren Ursprung ein kurzfristiger Kredit ist.

Fremdmittel 548 491319614 – Quelle der Bildung von Umlaufmitteln;

Geldmittel, die in Form von Bankdarlehen (Kredit) oder aus anderen Quellen erhalten werden, die sich befristet in der Verfügung des Betriebs befinden und zusammen mit den eigenen Umlaufmitteln genutzt werden.

Frist der Rentabilität von Investitionen 549 648219 717 – Zeitraum, der für die Tilgung des Kredits einschließlich der Zinsen auf Kosten des Gewinns, der aus der Einführung des vorgeschossenen Kredits erzielt wurde, notwendig ist.

Frist der vollständigen Tilgung der Schuld 498 217317 49 – zusätzliche Kennziffer der Effektivität des Investitionsprojekts.

Funktionale Organisation der Marketingabteilungen 618317819498 – Sicherung der Reklame der Produkte und der Dienstleistungen, Stimulierung des Verkaufs des Endprodukts und Marketingforschung.

Funktionen des Marktes 618319318516 – Gesamtheit der Funktionen, die im Prozess des Warenumlaufs und der Befriedigung der Nachfrage nach Sachwerten und Dienstleistungen mit Hilfe der wechselseitigen Kauf-Verkauf-Geschäfte zwischen Käufer und Verkäufer ausgeführt werden.

G

Garantiebrief 21 918 614 – Dokument, das die Erfüllung von Verpflichtungen bestätigt.

Gebrauchseigenschaften der Ware 819517214718 – Gesamtheit der ästhetischen und technisch-produktiven Eigenschaften des Arbeitsprodukts, die die bessere Befriedigung der Bedürfnisse des Käufers sichern.

Gebrauchswert 518 491319 614 – Fähigkeit der Ware (der Dienstleistung), bestimmte Bedürfnisse der Bevölkerung und der materiellen Produktion zu befriedigen.

Geistige Investitionen 316 819319471 – langfristige Anlagen, gerichtet auf die Entwicklung der Wissenschaft, die Ausbildung von Spezialisten, die Einführung der Ergebnisse des wissenschaftlich-technischen Fortschritts u. dgl.

Geistige Investitionen 519613319819 – Geldmittel, die als Vorschuss für wissenschaftliche Ausarbeitungen, Lizenzen, Know-how, Ausbildung von Spezialisten usw. gezahlt wurden.

Geistiges Eigentum 49871271948 – besondere Form des Eigentums, die den Besitz von Rechten auf die Ergebnisse der geistigen Arbeit ausweist, das Recht des Eigentums darauf gehört den Urhebern, die sie geschaffen haben, zum Beispiel das Urheberrecht an einem Text, einer Erfindung, eines audio-visuellen Erzeugnisses usw.

Gekaufte Produkte und Halbfabrikate 614 715598 17 – Element der Selbstkosten, das den Wert der gekauften Produkte und Halbfabrikate einschließt, die bei der Herstellung der Produkte in einem Betrieb verwendet werden, und der Dienstleistungen kooperierender Betriebe.

Geldkapital 47182849951 – eine der Funktionsformen des Industriekapitals, verwendet im Ausgangsstadium und im Endstadium des Kreislaufs; Geldmittel, die sich auf dem Verrechnungskonto des Betriebs in der Bank befinden.

Geldmenge 564318518712 – im Umlauf befindliche Geldmittel.

Geldstrafe 684397 – Art einer Vertragsstrafe, einer Strafe für die Verletzung der Vertragsbedingungen durch eine natürliche oder juristische Person. Wird für jeden Tag des Zahlungsverzugs in Prozenten der rückständigen Zahlungen oder der nicht erfüllten Verpflichtungen berechnet.

Geldstrom 318612518714 – Geldmittel, die auf das Verrechnungskonto des Betriebes aus dem Verkauf der Produktion und aus Dienstleistungen kommen, ebenso aus anderen Quellen. Wird verwendet zur Deckung der laufenden Ausgaben und für andere Ziele.

Geldumlaufgesetz 648518319417 – ökonomisches Gesetz, das die Anzahl der Geldmittel festlegt, die für die konkrete Wirtschaft und die Sicherung des Warenverkehrs notwendig sind.

Gemeinsames Angebot 614 482318 614 – ökonomische Situation, die die enge Verbindung einer Ware mit einer anderen kennzeichnet. Zum Beispiel führt die erhöhte Nachfrage nach Fotoapparaten zum Anwachsen der Nachfrage nach Filmen.

Gemischte Wirtschaft 517219319648 – Wirtschaft, die durch das Vorhandensein verschiedener Eigentumsformen gekennzeichnet ist.

Generalleasing 317514818417 – Pachtvertrag, in welchem dem Pächter das Recht gegeben wird, durch Leasing den Park der Ausrüstung (Maschinen, Apparaturen u. dgl.) ohne zusätzliche Abstimmung mit der Verpächterfirma zu vervollständigen.

Genossenschaft 895 718495 164 – Form der freiwilligen Vereinigung von Personen zur Teilnahme an der Produktions- oder Verbrauchertätigkeit auf der Grundlage des gemeinsamen genossenschaftlichen (anteiligen) Eigentums.

Gerätepark 319516818317 – Verzeichnis der Ausrüstung, die sich in der Bilanz des Betriebs befindet. Es bestehen verschiedene Arten von Geräteparks: technologische Grundausrüstung, Einbauten, Zusatzausrüstung u. dgl.

Geschäftsanteil 61489231857 – finanzieller Beitrag einer natürlichen oder juristischen Person, der es ermöglicht, bestimmte Rechte auf den Besitz von Eigentum der Aktiengesellschaft zu erwerben.

Geschäftskredit 564812719478 – Kredit in Warenform zum Zeitpunkt des Geschäftsabschlusses, das heißt, mit Zahlungsaufschub für die gekaufte oder gelieferte Ware.

Geschlossene Aktiengesellschaft (gAG) 21498751949 – Gesellschaft, in der die Aktien unter ihren Teilnehmern verteilt werden oder nach einer vorher bestätigten Liste.

Gesellschaft 219948938471 – Betrieb, der die Organisation von Handels- oder industrieller Tätigkeit als Ziel hat.

Gesellschaft mit beschränkter Haftung 319 617219714 – wirtschaftliche Gesellschaft, deren Gründer für die Nichterfüllung der durch die Gesellschaft übernommenen Verpflichtungen im Rahmen der von ihnen eingebrachten Anteile haftet.

Gesetz der Nachfrage 318431318491 – nach welchem zwischen Angebot und Nachfrage eine umgekehrt proportionale Abhängigkeit besteht, das heißt, unter bestimmtem ökonomischen Bedingungen wirkt ein Wachstum der Nachfrage auf die Senkung der Preise und umgekehrt, das Sinken der Nachfrage führt zum Wachsen der Preise.

Gesetz der Proportionalität 57980151421941 – Abhängigkeit, die die rationelleren Verhältnisse der Produktionsfaktoren sichert, was eine Erhöhung ihrer Effektivität ermöglicht.

Gesetz vom Angebot 578149317491 – Gesetz, nach dem zwischen dem Preis und dem Angebot eine Wechselbeziehung besteht, d.h., nach dem Umfang des Wachstums des Preises für eine Ware erhöht sich der Umfang des Angebots dieser Ware bei sonst gleichen Bedingungen.

Gewinn- und Verlustrechnung 712 617 – Abrechnung über die Ergebnisse der Tätigkeit des Betriebs in einem Jahr, widerspiegelt die Angaben über den Gesamterlös aus dem Verkauf der Produktion und der Dienstleistungserstellung, über den erhaltenen Gewinn und die entstandenen Verluste.

Gewinnausschüttung 798641979516 – Bestimmung des Teils des Reingewinns (Dividende) für jeden Anleger, aber auch für die Bildung verschiedener Fonds, Reserven u. dgl.

Gewinnschwelle 483 488519 471 – Stand der Produktion der Produkte, bei dem der Erlös aus ihrem Verkauf gleich ist den laufenden Ausgaben für ihre Produktion.

Gewinnsteuer 49181931481 – stellt einen Bestandteil des Bilanzgewinns dar, der als Quelle der Umverteilung des Nationaleinkommens dient.

Gewinnverhältnis 614217 – Anteil des Gewinns am Wert der verkauften Produktion. Gerechnet als Verhältnis der Einnahme zum Erlös der Verkäufe.

Girokonto 319718904614 – Dokument, das das Vorhandensein freier Geldmittel angibt, die befristet in Kredit- und Finanzeinrichtungen aufbewahrt werden. Wird genutzt bei Verrechnungen mit natürlichen und juristischen Personen.

Gleichartige Waren 514 812719 61 – Waren (Erzeugnisse), die auf dem Markt von verschiedenen Warenproduzenten verkauft werden als Analoga oder Ersatz, die keine Bevorzugung genießen.

Gleichgewicht zwischen Angebot und Nachfrage 471819514317 – eine der Regulierungsbedingungen der Marktwirtschaft, die ausweist, dass das Volumen der erzeugten Produkte der Struktur der Nachfrage entspricht.

Globalisierung 31968971921 – neuer Prozess der gemeinsamen wirtschaftlichen Entwicklung der Länder der Welt, gerichtet auf die Befriedigung der Bedürfnisse des Weltmarktes auf der Grundlage des internationalen Austauschs von Ergebnissen der wirtschaftlichen Tätigkeit, wenn die Schaffung materieller oder geistiger Güter als Bestandteil der Weltproduktion auftritt.

Grenzerlös 698 71489851 – Anwachsen des Erlöses als Folge des Verkaufs einer zusätzlichen Einheit des Produkts.

Grenzertrag 519 613318 49 – maximaler Gewinn, erzielt im Ergebnis der Veränderung der Struktur der Produktion durch Erhöhung des Anteils der hochrentablen Produktion.

Grenzprodukt 64821749879 – Ergebnis der Nutzung einer zusätzlichen Ressourceneinheit zur Sicherung des Anwachsens des Produkts.

Großeinkäufer 719 748 – Vermittlungsvertreter, der Ware erwirbt im Auftrag von Einzelhandelsverkäufern.

Großhandel 319 818719 6 – Verkauf großer Partien von Waren an die Vermittler für den Weiterverkauf.

Großhandelspartie 319 628498 71 – Partie von Erzeugnissen, die unter den Bedingungen der Marktbeziehungen für die Einschätzung der Schnelligkeit des Verkaufs der Ware auf dem Markt und die Feststellung der Abweichung zwischen Angebot und Nachfrage genutzt wird.

Großhandelspreis der Industrie 491 318219 714 – Preis einer Ware, der zusätzlich zum Großhandelspreis des Betriebs festgesetzt wird.

Großhandelspreis des Betriebs 894 671918 491 – Preis einer Ware, bei dem der Aufwand erstattet und ein Gewinn gesichert werden.

Grundbedingungen der Lieferung 514031489604 – spezielle Bedingungen des Kaufs und Verkaufs, die in Form einer Übereinkunft (eines Vertrags) formuliert werden.

Grundlagenforschung 514212819471 – Richtung der wissenschaftlichen Forschungen, die sich mit der Untersuchung der objektiven Gesetzmäßigkeiten der Entwicklung der Natur, der Gesellschaft, der Produktivkräfte und der Schaffung einer wissenschaftlichen Basis für die Projektierung neuer Technik, Technologie u. dgl. beschäftigen.

Guthaben 516 719418 – Materielle Werte, Geldmittel, Eigentum, das für die Verrechnung von Zahlungen und die Tilgung ausstehender Verpflichtungen genutzt wird und Verkauf der Ergebnisse der schöpferischen und intellektuellen Arbeit.

H

Halbfabrikat 614 712514 51 – Arbeitsprodukt, das nicht alle technologischen Stadien (Operationen) zu seiner Umwandlung in ein Endprodukt durchlaufen hat.

Handelsbank 648317319718 – nichtstaatliche Krediteinrichtung, die auf kommerzieller Basis arbeitet, sich auf die Vergabe von Darlehen an juristische Personen zu beiderseitig vorteilhaften Bedingungen spezialisiert hat und private Kunden auf Kommissionsbasis bedient.

Handelserlös 614 318519 718 – Geldmittel, die aus dem Verkauf der Ware stammen.

Handelsfirma 648 317499 148 – Organisation, die auf der Grundlage einer juristisch formulierten Vereinbarung mit Angabe der kommerziellen Verantwortlichkeit für Abweichungen bei den Lieferterminen und bei der Anzahl der bestellten Einheiten den Verkauf und die Lieferung materieller Güter sichert.

Haushaltsüberschuss 618317914912 – Überwiegen des Einnahmeteils über den Ausgabenteil.

Hedge-Geschäft 498516319714 – Versicherung des Risikos, das verbunden ist mit der Veränderung der Preise, der Valutakurse, der Aktien.

Hinterlegung 48949131841 – befristete Aufbewahrung von Geldmitteln und Wertpapieren in staatlichen und kommerziellen Geldinstituten (kommerzielle Banken und Sparkassen) und Organisationen (Notariate).

Hiring 491516319318 – mittelfristiger Mietvertrag (von einem Jahr bis fünf Jahre); eine der Leasingformen.

Holdinggesellschaft 498516219478 – Aktiengesellschaft, die das Aktienkontrollpaket anderer juristischer Personen besitzt und die Kontrolle über deren Tätigkeit und die Ausschüttung der Gewinne in Form der Dividende ausübt.

Hypothek 698712319714 – Immobilieneigentum als Pfand mit dem Ziel des Erhalts eines langfristigen (10 – 20 Jahre) Darlehens. Die Tilgung des Darlehens schließt einen Zinssatz für den Kredit ein.

Hypothekenbank 64848171842 – Krediteinrichtung, geschaffen für langfristige Kreditierung gegen Immobilieneigentum als Sicherheit (Land, städtische Gebäude u. dgl.) mit Einschränkung des Rechts der Verfügung über das Eigentum.

Hypothekenmarkt 564814 – Form des Marktes des Fremdkapitals, bei dem die Pfandbriefe, ausgestellt mit Sicherung durch das Immobilieneigentum, als Kaufobjekt auftreten.

I

Identifikation der Ware 564 718574181 – Vergleich der tatsächlichen technisch-ökonomischen Charakteristika mit den Parametern, die in der Dokumentation fixiert sind.

Image 48948919141 – Ruf, gesellschaftliche Bewertung der Tätigkeit des Betriebs, der Firma, die bei den Kunden, den Lieferanten, den Verbrauchern usw. gebildet wird.

Immobilien 564812319712 – Bodennutzflächen, die darauf errichteten Gebäude, Anlagen und andere Investitionsbauten, die sich im Eigentum des Staates, natürlicher oder juristischer Personen befinden.

Inbetriebnahme der produktiven Anlagenfonds 564181798164 – planmäßige Inbetriebnahme neuer, zu rekonstruierender und erweiterter Objekte des Investitionsbaus.

Index 518614219621 – ökonomische und statistische Kennziffer, mit deren Hilfe die Veränderungen im Lauf der Entwicklung des ökonomischen Prozesses im Ganzen und in seinen einzelnen Bestandteilen eingeschätzt werden.

Index der Fondsergiebigkeit 618517219418 – Kennziffer, die die Veränderung der Fondsergiebigkeit im Folgejahr gegenüber dem vergangenen Jahr angibt.

Index der Verbraucherpreise und der Einzelhandelspreise 319618519412 – monatlich veröffentlichte Kennziffer, die die Veränderungen (die Dynamik) des Wertes eines Waren- und Dienstleistungssortiments, das für die Befriedigung der Grundbedürfnisse der Bevölkerung im jeweiligen Gebiet notwendig ist (Verbraucherkorb) und das mittlere Niveau der Preise auf dem Einzelhandelsmarkt charakterisiert.

Index der Wettbewerbsfähigkeit der Ware 568412319718 – Kennziffer der Marktwirtschaft, die die Dynamik der Veränderung der Gebrauchseigenschaften der Ware im Ergebnis der Durchführung verschiedener organisatorisch-technischer Maßnahmen und der Einwirkung ökonomischer Faktoren ausweist.

Indexierung 514821619317 – Korrektur der persönlichen Einkommen mit dem Ziel, der Bevölkerung die finanziellen Verluste zu ersetzen und die reale Größe des Einkommens unter den Bedingungen der Inflation, die von einem Anwachsen der Preise begleitet wird, zu erhalten.

Indifferentes Marketing 48951631841 – vereinfachtes Schema des Verkaufs der Ware, wenn der Warenproduzent seine Produktnomenklatur auf den Markt stellt, sich mit Hilfe des Marketingdienstes bemüht, den Kreis der Käufer zu erweitern, ohne auf die Interessen des Verbrauchers zu reagieren.

Indifferenzpunkt 489 497513 497 – ökonomischer Zustand in der Tätigkeit des Betriebs, wenn die laufenden Ausgaben für ein zusätzliches Produktionsvolumen gleich sind dem Erlös, der mit dem Verkauf dieser Produktion erzielt wird.

Indikative Planung 619718519711 – Art der staatlichen Wirtschaftsplanung, die periodisch für die Schwächung der Wirtschaftskrise und die Beseitigung ihrer Folgen, für das Ansteigen des Niveaus der Industrieproduktion und die Verringerung der Arbeitslosigkeit, für die Regulierung der Marktwirtschaft usw. genutzt wird.

Indirekte Kosten 316 718549 612 – laufende Ausgaben, die nicht zur Erzeugung eines bestimmten Erzeugnisses gerechnet werden können, weil sie mit der Arbeit einer Abteilung oder eines Betriebs im ganzen verbunden sind, zum Beispiel die Ausgaben für die Nutzung und Unterhaltung der Ausrüstung, Ausgaben der Abteilung usw.

Indirekte Steuern 42131931781 – Steuern auf Waren und Dienstleistungen, die in Form eines Aufschlags zu den Preisen der Waren oder den Tarifen der Dienstleistungen erscheinen.

Individualisierung der Produktion 519414319417 – konstruktiv-technologisches Verfahren, das die Veränderung der technisch-ökonomischen Kennziffern der Produktion vorsieht, die sich positiv von ihren Analoga, die von den Wettbewerbsbetrieben herausgebracht werden, unterscheidet.

Industrialisierung 518671319712 – Prozess der Entwicklung der maschinellen Produktion in der Volkswirtschaft im großen Umfang, in erster Linie in den Industriezweigen, in denen Arbeitsgeräte und Arbeitsgegenstände hergestellt werden.

Industrie- und Handelskammer 485 471898 17 – gesellschaftliche Organisation, die als juristische Person für die Unterstützung der Entwicklung ökonomischer, wissenschaftlich-technischer und Handelsbeziehungen auftritt.

Industriekapital 564851619471 – Geldkapital, das in den Bereich der materiellen Produktion vorgeschossen wird.

Infizit 514219318718 – Begriff, der dem Defizit entgegengesetzt ist, das heißt, Überhang der tatsächlichen Größe über der errechneten oder geplanten. Zum Beispiel, Überhang des tatsächlichen Erlöses über der errechneten Größe.

Inflation 58421721941 – Entwertung des Geldes, bedingt durch die Emission einer Geldmasse größer als der reale Bedarf und erscheint als Anstieg der Preise für Waren und Dienstleistungen.

Inflation der Nachfrage 54861421971 – Folge der Erhöhung der gesamten Nachfrage über dem Angebot, das heißt, des Wachstums des Wertes der Waren und Dienstleistungen, die zu höheren Preisen und Tarifen erworben werden können.

Inflationsrisiko 64851731849 – Wahrscheinlichkeit der Entstehung von Verlusten im Ergebnis des Preiswachstums.

Inflator 56421721849 – Index des Preisanstiegs.

Informatik 316849319712 – Disziplin, die die Eigenschaften und Strukturen der Information, die Gesetzmäßigkeiten und Methoden ihrer Schaffung, ihrer Speicherung, ihrer Suche, Übermittlung und Nutzung in verschiedenen Sphären der menschlichen Tätigkeit untersucht.

Informationsbrief 319 317498641 – Brief, der einen anderen Betrieb oder eine interessierte Person über ein stattgefundenes Ereignis oder über eine geplante Maßnahme informiert.

Informationsfluss 498648498711 – Instrument des Logistiksystems, mit dessen Hilfe die Informationsbasis für die Befriedigung konkreter Anforderungen formiert wird.

Infrastruktur 598689319718 – Komplex der Industriezweige, Betrieb und Organisationen, die zu diesen Industriezweigen gehören und die Funktion der Bedienung der industriellen und landwirtschaftlichen Produktion, ebenso der Schaffung normaler Bedingungen für das Funktionieren des Produktionsprozesses und der Lebenstätigkeit der Menschen ausüben.

Infrastruktur des Marktes 56491721948 – Gesamtheit der Betriebe und Organisationen, die den Markt bedienen (Großhandelsbetriebe, Börsen, Finanzinstitute).

Inkasso 819419419718 – Art der vermittelnden Bankoperation, durchgeführt im Auftrag eines Klienten für den Erhalt und die Überweisung von Geldmitteln von Betrieben und Organisationen, die beim Vollmachtgeber materielle und Warenwerte gekauft haben, auf das Verrechnungskonto des Auftraggebers, einschließlich der Zahlung für die Erfüllung (das Erweisen) von Diensten.

Innerbetriebliche (firmeninterne) Planung 614812798514 – Ausarbeitung der Pläne der laufenden Arbeit und der Entwicklung des Betriebs, die die Sicherung des geplanten Niveaus der Effektivität der Produktion auf der Grundlage der Einbeziehung und rationellen Nutzung der Produktionsmittel und der Arbeitskraft vorsieht.

Innere Rentabilitätskennziffer der Investitionen 498714898175 – Diskontsatz, bei dem die Gleichheit zwischen dem Gegenwartswert der künftigen Geldzuflüsse und der Gesamtsumme der Investitionen, die für das Projekt bevorschusst wird, gesichert wird.

Innovation 819418 – Neuerungen auf dem Gebiet der Technik, Technologie, Arbeitsorganisation und Leitung, begründet auf die Nutzung der Ergebnisse der Wissenschaft und beste Erfahrung.

Innovationsaktivität 519489619671 – Kennziffer, die das Tempo, die Maßstäbe und die Dauer der Ausarbeitung und Einführung von Neuerungen ausweist, die begründet sind auf die Nutzung der Ergebnisse des wissenschaftlich-technischen Fortschritts und beste Erfahrung.

Innovationspotential 219016514218 – technisch-ökonomische Möglichkeiten des Industriebetriebs eine neue wettbewerbsfähige Produktion zu planen und zu erzeugen, die den Forderungen des Marktes entspricht.

Innovationsprojekt 51631851981 – Gesamtheit der Dokumente, die den Prozess der zielgerichteten Veränderung in einem technischen System auf der Grundlage der Einführung der Ergebnisse des wissenschaftlich-technischen Fortschritts und das Ergebnis des Übergangs dieses Systems aus einem technisch-ökonomischen Zustand in einen anderen, vollkommeneren widerspiegeln.

Insolvenz 316548319714 – durch das staatliche Organ anerkanntes Fehlen der Zahlungsfähigkeit des Schuldners, um im vollen Umfang die Forderungen der Kreditoren nach geldlichen Verbindlichkeiten zu befriedigen oder die Verpflichtung zur Zahlung der staatlichen Pflichtabgabe zu erfüllen.

Installierte Ausrüstung 549 318564 714 – Werkzeugmaschinen, Maschinen und übrige Ausrüstung, die in Betrieb genommen und an einem Arbeitsplatz montiert wurden, ebenso die Ausrüstung, die sich in Reparatur befindet, auch wenn sie vorübergehend demontiert ist.

Institutionelle Ökonomik 56482149871 – Richtung der Wirtschaftswissenschaft, die die Gründe der Instabilität des Systems und der strukturellen Veränderungen in der Sphäre ökonomischer Beziehungen untersucht.

Integraler Effekt 514819489471 – Kennziffer der Einschätzung der Effektivität des Investitionsprojekts, die die Summe der laufenden Effekte für die ganze Abrechnungszeit und reduziert auf das erste Jahr der Verwirklichung der Investitionen darstellt.

Integraler Koeffizient der Nutzung der Ausrüstung 516219519711 – ökonomische Kennziffer, die die Nutzung der Arbeitszeit der Ausrüstung in der ganzen Schicht und der Zeit innerhalb einer Schicht ausweist.

Intensiver Verkauf 3986497851 – Verkauf von Waren des täglichen Bedarfs, die der Warenproduzent über alle möglichen Verkaufseinrichtungen verkauft, die Nachfrage nach dem gegebenen Produkt haben.

Intensivierung 564812319712 – Steigerung der Arbeitsproduktivität im Ergebnis der Verbesserung der Nutzung der Ausrüstung (der Arbeitsgeräte) bezogen auf die Zeit und die Kapazität, im Ergebnis der rationellen Nutzung der Material- und Arbeitsressourcen.

Intensivierung der Investitionen 514218519317 – Steigerung der spezifischen Investitionen, die auf einen durchschnittlichen Arbeiter kommen im Ergebnis der Einführung der Ergebnisse des wissenschaftlich-technischen Fortschritts.

Intensivierung der Produktion 564819319712 – eine der Richtungen der Steigerung der Effektivität der Produktion, verbunden mit der Vergrößerung des Volumens der Produktion, mit der effektiveren Nutzung der Material-, Arbeits- und Finanzressourcen im Ergebnis der Einführung der Ergebnisse des wissenschaftlich-technischen Fortschritts.

Intervall der Lieferung 619718918714 – Zeitabschnitt zwischen den planmäßigen Lieferungen der Sachwerte.

Intervention am Devisenmarkt 317548218716 – Auftreten der Zentralbank auf dem Devisenmarkt mit dem Ziel der Festigung oder der Senkung des Kurses der nationalen Valuta durch den Handel ausländischer Geldzeichen.

Inventarisierung 481498319712 – Einzelwertung der vorhandenen Sachwerte des Betriebs oder ihrer Bestände an einem bestimmten Datum.

Investitionen 319 617319814 – langfristige Kapitalanlagen in verschiedenen Industriezweigen mit dem Ziel, Gewinn zu erzielen.

Investitionen 69891421947 – reale Investitionen, einmalige Ausgaben für die einfache und die erweiterte Reproduktion der Grundfonds, das heißt, für den Bau neuer Betriebe, die Erweiterung , Rekonstruktion und technische Umrüstung bestehender Betriebe, ebenso für die Reparatur und technische Ausstattung der Objekte nichtproduktiver Bestimmung.

Investitionsbank 319491819498 – eine Bank, die Kredite vergibt und Investitionen in die Grundmittel vornimmt; sie spielt eine aktive Rolle bei der Herausgabe und Anlage von Aktien der Investoren.

Investitionsfonds 519318614217 – Fonds der Kredit- und Finanz-Aktiengesellschaften offenen Typs, der die Emission eigener Aktien für die Gewinnung der Mittel privater Gesellschaften durchführt.

Investitionskoeffizient 518314319812 – Koeffizient, der den Anteil des Nationaleinkommens des Landes ausweist (Grundform der Akkumulation für die erweiterte Reproduktion der Grundfonds).

Investitionspolitik 219 716218714 – Gesamtheit der sozial-ökonomischen Maßnahmen, die es ermöglichen, die vorrangigen Richtungen der Investitionen in verschiedenen Industriezweigen zu bestimmen.

Investitionsrisiken 514516319718 – Möglichkeit der Entstehung nicht vorhergesehener Ausgaben und Verluste im Ergebnis der Unsicherheit über die wirtschaftliche Situation.

Investmentgesellschaft 694318489485 – Kredit- und Finanzeinrichtung, die Geldmittel privater Anleger akkumuliert, die dann zur Durchführung von Investitionen juristischer Personen genutzt werden, zur Herausgabe von Wertpapieren und ihrer Umwandlung in Aktien und Obligationen anderer Gesellschaften.

Investor 618317914217 – juristische oder natürliche Person, die langfristige Geldanlagen in ein Investitionsprojekt mit dem Ziel der Gewinnerzielung durchführt.

J

Jahresdurchschnittswert der Produktionsanlagen 594 712319 614 – Summe des Jahresdurchschnittswertes der grundlegenden Produktionsanlagen und der Umlaufmittel.

Jahresdurchschnittswert der Umlaufmittel 564 813319 814 – zählt als durchschnittlicher chronologischer Wert, Einführung und Abgang von Umlaufmitteln erfolgen zur Monatsmitte.

Jahresdurchschnittswert des produktiven Anlagevermögens 798 694219 917 – Kennziffer, die die Veränderung des Wertes im Laufe eines Jahres im Ergebnis der Einführung neuer und der Entsorgung physisch verschlissener und moralisch veralteter grundlegender Produktionsanlagen angibt.

Jahresdurchschnittszahl der Arbeiter 519 618319491 – quantitative Einschätzung des durchschnittlichen Betriebspersonals für eine bestimmte Periode (Monat, Quartal, Jahr).

Jährliche wirtschaftliche Auswirkungen 519 618219 717 – Ergebnis der wirtschaftlichen Tätigkeit, das nach vergleichbaren Varianten der Durchführung von Investitionen abgerechnet wird und die Differenz zwischen den angeführten Ausgaben, angepasst auf das Jahresvolumen der Produktion, darstellt

Joint Venture 649 724319 811 – Form der Organisationsstruktur der Leitung, die die Teilnahme ausländischer Partner nicht ausschließt. Ziel - die Entwicklung der materiellen Produktion und der wissenschaftlich-technischen Tätigkeit.

Juristische Person 518 612319 718 – Organisation, Betrieb, Firma, die entsprechend der geltenden Gesetzgebung als selbständiger Träger von Rechten und Pflichten auftreten, und die Hauptmerkmale einer juristischen Person haben.

K

Kaderfluktuation 519 614 – Verringerung der Zahl der Arbeiter des Betriebs (der Einrichtung) im Ergebnis ihrer Ausscheidens aus dem einen oder dem anderen Grund. Der Koeffizient der Fluktuation der Arbeitskräfte wird bestimmt als Verhältnis der Zahl der ausgeschiedenen zur Durchschnittszahl der Arbeiter.

Kaderfluktuationsrate 49849148 – Anzahl der im Laufe des Jahres Entlassenen bezogen auf die durchschnittliche Zahl der Mitarbeiter.

Kalendarischer Zeitfonds 584319489417 – potentiell mögliche Arbeitszeit der Ausrüstung im Laufe eines Jahres.

Kalkulation der Selbstkosten 498312319714 – Berechnung der laufenden Aufwendungen der Produktion für eine Produkteinheit nach Kostenpositionen.

Kanäle der Verteilung der Ware 61949831947 – Reihenfolge der Bewegung der Ware vom Warenproduzenten zum Verbraucher.

Kapital 69831421947 – ökonomische Kategorie, die den Wert der Produktionsmittel ausweist, die bei Nutzung der Arbeitskraft einen Mehrwert schaffen. Das Kapital teilt sich auf in Grundkapital (Grundfonds) und Umlaufkapital (Umlaufmittel) und kann als Geldkapital, Industriekapital und Stammkapital auftreten.

Kapitalbewegung 388519397544 – Verlagerung der Mittel von einem Betrieb zu einem anderen Betrieb innerhalb des betreffenden Industriezweigs, aus einem Industriezweig in einen anderen, sowohl innerhalb des Staates als auch zwischen den Ländern mit dem Ziel, höhere Einkünfte je Einheit des Investitionskapitals zu erhalten.

Kapitalexport aus dem Land 548219718717 – Vorschusszahlung von Geldmitteln für die Organisation des Auslands-Business.

Kapitalflucht 48131951847 – Ausfuhr von wirklichem Geld oder Valuta aus dem Staat mit dem Ziel, Verluste durch mögliche ökonomische oder politische Krisen zu vermeiden.

Kapitalintensität der Arbeit 49831721947 – jahresdurchschnittlicher Wert der grundlegenden Produktionsanlagen, der auf einen Arbeiter des Betriebs entfällt.

Kapitalisierung 698581319471 – Methode der Einschätzung des Wertes des Betriebes nach seinen Einnahmen, die er in einem bestimmten Zeitraum durch die Nutzung des Eigentums erhält.

Kapitalrendite 51849131948 – Zeitraum, in dem die vorgeschossenen Investitionen ersetzt werden durch Gewinn (Gewinnzuwachs), der im Ergebnis der Einsparung von der Durchführung von Investitionen erhalten wird.

Kapitalumschlagszeit 518491 617914 – Zeitabschnitt, in dem das für die Erzeugung des Mehrwerts bevorschusste Industriekapital alle Stadien des Umlauf durchläuft (Warenstadium, Produktionsstadium, Geldstadium). Als Einheit der Messung und des Vergleichs der Umlaufzeit wird das Jahr genommen.

Kartell 49871864481 – Art der monopolistischen Vereinigung großer Warenproduzenten gleichartiger Erzeugnisse mit dem Ziel der Schwächung des Konkurrenzkampfes und Vergrößerung des Umfangs des Verkaufs auf der Grundlage eines Vertrages über die Verteilung der Einflusssphären auf dem Absatzmärkten, das heißt, auf der Grundlage der Festlegung eines bestimmten Teils des Absatzes zu einem vereinbarten Preis für jeden Teilnehmer der Vereinbarung.

Kartellvereinbarung 498217319421 – offiziell formulierte juristische Vereinbarung zwischen großen Warenproduzenten gleichartiger Erzeugnisse, in der die gemeinsame Marktforschung, die Regulierung der Preise, Festlegung von Ermäßigungen u. dgl. vorgesehen sind.

Käufermarkt 81971298749 – ökonomische Marktsituation, bei der die

Preissenkung im Ergebnis von Überbeständen erfolgt, das heißt, die Größe des Angebots zu normalen Preisen übersteigt die Größe der Nachfrage.

Kaufkraft 714 718194 71 – Möglichkeit des Erwerbs einer Ware (einer Dienstleistung) für eine Geldeinheit.

Kaufvertrag über Waren 516 718419 712 – Bedingungen der Übergabe der Rechte durch den Verkäufer an den Verbraucher auf der Grundlage der getroffenen Vereinbarung, wo die die gegenseitigen Verpflichtungen der Parteien, die Bedingungen der Lieferung und der Abnahme der Ware unter Berücksichtigung ihrer Besonderheiten, der festgelegten Normen und Qualitätsanforderungen angegeben sind.

Keynesianismus (nach J. M. Keynes) 489421319648 – theoretische Grundlagen der Regulierung der Wirtschaft industriell entwickelter Länder und der Bedingungen für die Erhaltung ihrer ökonomischen Stabilität.

Klassifizierung 489482719481 – Einteilung der Gegenstände, Objekte und Begriffe nach Klassen, Gruppen auf der Grundlage der Ähnlichkeit dieser oder jener Klassifizierungsmerkmale.

Kleinbetrieb 718421894851 – nicht großer Betrieb beliebiger Eigentumsform, charakterisiert vor allem durch die begrenzte Zahl der Arbeiter; effektivere Form der Organisation des kleinen Business unter den Bedingungen der Marktbeziehungen.

Know-how 6981831974 – Ergebnis der intellektuellen Arbeit, vergegenständlicht in wissenschaftlich-technischen Lösungen, die in den technologischen Prozessen genutzt werden und die Wettbewerbsfähigkeit der Erzeugnisse und das Anwachsen der Effektivität der Produktion sichern.

Koeffizient der Auslastung der Ausrüstung innerhalb der Schicht 619 712319 714 – Koeffizient, der bestimmt wird als Verhältnis der Zeit der tatsächlichen Arbeit zum Jahreszeitfonds der Arbeit der Ausrüstung.

Koeffizient der Einführung oder der Erneuerung des produktiven

Anlagevermögens 598 491719 617 – Koeffizient, der bestimmt wird als Verhältnis des Wertes des im Laufe eines Jahres neu eingeführten produktiven Anlagevermögens zu seinem Wert am Ende des Jahres.

Koeffizient der Elastizität 518 619419 714 – prozentuale Veränderung der Anzahl der verkauften Ware, bezogen auf ein Prozent der Veränderung des Preises der Ware (des Erzeugnisses).

Koeffizient der Erfassung 516 719219 71 – Teil der Produktion des Betriebs oder des Industriezweigs am Gesamtvolumen der Produktion der profilierenden Ware.

Koeffizient der Intelligenz 514 214819 714 – Kennziffer, die das Niveau der Entwicklung der geistigen Fähigkeiten oder des verfügbaren Wissens ausweist.

Koeffizient der Kapitalrendite 489 714819 714 – Kennziffer, die den Zeitraum ausweist, in dessen Verlauf sich die vorgeschossene Investition durch Einsparung oder Gewinn rentiert, die im Ergebnis der Materialisierung der Investition erzielt werden.

Koeffizient der Kontingenz des Parks der technologischen Grundausrüstung 491819317481 – Kennziffer, die die Wechselbeziehung der Möglichkeiten jeder Gruppe der austauschbaren Ausrüstung ausweist, einbezogen in den Prozessablauf der Bearbeitung der Einzelteile, die in die Endprodukte eingehen.

Koeffizient der kritischen absoluten Liquidität 564 719489 471 – Kennziffer der Einschätzung des finanziellen Zustands des Betriebs, bestimmt als Verhältnis der Summe der Barmittel und der Äquivalente der Barmittel zu den kurzfristigen Verbindlichkeiten.

Koeffizient der Materialnutzung 689 712498 47 – rationeller Verbrauch der materiellen Ressourcen (Rohstoff, Materialien), das heißt, Verhältnis des Gewichts des fertigen Erzeugnisses zum allgemeinen Materialverbrauch auf eine Einheit der Produktion oder zum Gewicht des Rohlings.

Koeffizient der Normerfüllung 598 649719 817 – Koeffizient, der die Übererfüllung des genormten Arbeitsaufwands der Operationen, des Teils, des Erzeugnisses charakterisiert. Bestimmt wird er als Verhältnis des normierten Arbeitsaufwands zum tatsächlichen Zeitaufwand.

Koeffizient der Nutzung der Größenparameter 514 617518 719 – Kennziffer der Intensität der Nutzung der Ausrüstung, die bestimmt wird als Verhältnis , in dem im Zähler jeder Summand das Produkt eines Größenintervalls des Einzelteils mit dem Koeffizienten der Auslastung der Maschine mit Einzelteilen des gegebenen Intervalls ist, und im Nenner das Produkt eines der Größenparameter der Maschine mit dem Koeffizient ihrer Auslastung.

Koeffizient der Nutzung der Produktionsflächen 619 717218 918 – Koeffizient, der als Verhältnis des Wertes der Brutto- oder Warenproduktion in einem bestimmten Zeitabschnitt (Tag, Monat, Jahr) zur gesamten Produktionsfläche, das heißt, das ist der Wert der Produktion, die auf einen m^2 Produktionsfläche entfällt.

Koeffizient der Nutzung der Schichtarbeit der Ausrüstung 421 478561 471 – Verhältnis des tatsächlichen Koeffizienten der Schichtarbeit zur Arbeit der Ausrüstung.

Koeffizient der Nutzung des Park der technologischen Grundausrüstung 498 671219 714 – Koeffizient, der als Verhältnis der im technologischen Prozess genutzten Anzahl der Ausrüstung zur Anzahl der Ausrüstung, die zum Park der technologischen Grundausrüstung gehört, bestimmt wird.

Koeffizient der Nutzung des Parks der installierten Ausrüstung 594 617219 718 – Koeffizient, der bestimmt wird als das Verhältnis der Anzahl der tätigen Ausrüstung zur Anzahl der in den Abteilungen der Grundproduktion oder im gesamten Betrieb zur Verfügung stehenden Ausrüstung.

Koeffizient der Schichtarbeit 589 842819 64 – Kennziffer der Bewertung der vollschichtigen Nutzung der Arbeitszeit der Ausrüstung, die als Verhältnis der Anzahl der gearbeiteten Maschinenschichten im Laufe eines Tages zur Gesamtzahl der zur Verfügung stehenden Ausrüstung.

Koeffizient der Tauglichkeit der Ausrüstung 518 642198 487 – Koeffizient, der den Teil des Restwerts charakterisiert, der auf eine Geldeinheit des ursprünglichen Werts der Ausrüstung entfällt.

Koeffizient der Verbindlichkeiten der Käufer 314 712819 71 – Anteil des Wertes der Ware, die auf Kredit verkauft wurde am Gesamtwert der Ware, die zu verkaufen ist.

Koeffizient des Ausscheidens des produktiven Anlagevermögens 514 491619 71 – Koeffizient, der als Verhältnis des Wertes des ausgesonderten, aus der Bilanz des Betriebs abgeschriebenen produktiven Anlagevermögens zu seinem Wert am Anfang des Jahres.

Koeffizient des physischen Verschleißes der Ausrüstung 53912450818 – Kennziffer, die den Anteil des ursprünglichen Wertes der Ausrüstung bezogen auf das Endprodukt angibt.

Koeffizient des Schwindens der Liquidität 619 718498 41 – reale Versorgung des Betriebs mit Umlaufmitteln (Umlaufkapital) für eine normale Führung der wirtschaftlichen Tätigkeit mit der verpflichtenden Bedingung der rechtzeitigen Tilgung des Kredits und anderer befristeter Verbindlichkeiten. Gewertet als Verhältnis des Wertes der Umlaufmittel des Betriebs zur Summe der befristeten Verbindlichkeiten.

Koeffizient des Zuwachses der Einsparung 514 916317 819 – Größe der Senkung des Zuwachses an Ausgaben zum Wert des Zuwachses des Produktionswechsels.

Kollektivvertrag 564812219718 – gegenseitige Vereinbarung, die zwischen Arbeitskollektiven und Vertretern der Verwaltung des Betriebs über die gegenseitigen Verpflichtungen über die Bedingungen der Regulierung von Konfliktsituationen im Prozess der Produktions- und Wirtschaftstätigkeit.

Kombinat 49164 321 819061 – Vereinigung einiger technologisch miteinander verbundener Betriebe unterschiedlicher Industriezweige.

Kombinieren 49831721948 – Form der Konzentration der Industrieproduktion, die die Vereinigung einiger spezialisierter, in einem wechselseitigen Zusammenhang stehender Betriebe verschiedener Industriezweige, die nacheinander technologische Operationen bei der Rohstoffbearbeitung durchführen, in einem Betrieb (Kombinat) vorsieht, das heißt, die Erzeugnisse einer Produktion sind der Rohstoff, das Material für einen anderen Produktionsprozess.

Kommerzialisierung 574891719516 – eines der Stadien der Privatisierung, wenn alle Verantwortung für die Ergebnisse der Tätigkeit des Betriebs auf die Verwaltung gelegt wird, dabei stellt der Staat die Zuweisung von Subventionen als Schadenersatz ein.

Kommerzieller Betrieb 519316418218 – juristische Person, die unter den Bedingungen der Selbstfinanzierung tätig ist und ihr Ziel, die Erzielung von Gewinn verfolgt. Ein kommerzieller Betrieb arbeitet im Allgemeinen in der Sphäre des Warenumlaufs und der Dienstleistungen.

Kommission 519621798317 – zweiseitige Vereinbarung, auf deren Grundlage sich eine Partei (Kommissionär) im Auftrag der anderen Partei (Kommittent) verpflichtet, gegen Bezahlung Geschäfte im Interesse des Kommittenten durchzuführen.

Kommissionär 319612719814 – Vermittler, der auf Weisung des Auftraggebers für eine festgelegte Bezahlung den Vorgang des Kaufs und Verkaufs von Waren durchführt.

Komplexität der Leitung des Marketings 694218719481 – allseitige

Erfassung im Prozess des Marketing Managements der Parameter der Produktion, des Absatzes, des Verbrauchs.

Konflikt 589617 498 71 – Unvereinbarkeit, Widersprüchlichkeit der Interessen der Sozial- und Arbeitsbeziehungen; Meinungsverschiedenheit der interessierten Parteien.

Konjunktur 318 682798 214 – innere und äußere Umstände (Faktoren), die einen unmittelbaren Einfluss auf den Produktionsprozess und den Umlauf der Geldmittel ausüben.

Konjunktur des Marktes 594 712489 216 – Bedingungen des Verkaufs auf dem Warenmarkt im entsprechenden Zeitraum, abhängig vom Verhältnis der Größe der Nachfrage und des Angebots, der preislichen Flexibilität und anderen sozial-ökonomischen und natürlichen Faktoren.

Konsortium 219 214819717 – zeitweiliger Vertrag über die Produktions- und Absatzkooperation einiger Industrieorganisationen für die gemeinsame Verwirklichung eines industriellen Großprojekts.

Kontrolle als Funktion der Betriebsleitung 648 218548 714 – Einschätzung der Übereinstimmung der Resultate der Arbeit des Betriebs mit den Forderungen der Instruktion zur Erfüllung der Qualitäts- und Quantitätskennziffern der wirtschaftlichen und sozialen Entwicklung.

Kontrollziffern 564 891 498718 – nicht anweisende Information, die quantitative und qualitative Angaben ausweist, die für die Planung der sozial-ökonomischen Entwicklung benötigt werden.

Konventionalstrafe 69831757489 – Strafsumme für die Verletzung oder nicht qualitätsgerechte Erfüllung der Vertragsbedingungen durch eine Partei.

Konversion 698518548491 – Veränderung der Struktur der erzeugten Produktion; Überführung der Betriebe der Verteidigungsindustrie zur Erzeugung von Produkten ziviler Bestimmung.

Konversionsmarketing 564813319481 – Uninteressiertheit der Käufer am Erwerb der Ware oder der Dienstleistung. Zum Beispiel kaufen Diabetiker keinen Zucker, keine Konditoreiwaren usw.

Konzentration der Produktion 548 671319 714 – Art der Organisation der Produktion, die die Konzentration der Produktionsmittel einzelner Warenproduzenten in Großbetrieben vorsieht.

Konzern 568 714918 214 – Großvereinigung juristischer Personen aus der Industrie-, Finanz- und Handelswelt mit dem Ziel der Einrichtung einer einheitlichen Leitung bei Einschränkung der wirtschaftlichen Selbständigkeit der Betriebe und Firmen, die ihr angehören.

Kooperation der Produktion 589 648751 491 – Form der Produktionsverbindungen zwischen spezialisierten Betrieben, Firmen, die an der gemeinsamen Herstellung einer bestimmten Produktion teilnehmen, aber bei Erhaltung ihrer wirtschaftlichen Selbständigkeit.

Korporatismus 561 491598 64 – Richtung der institutionellen Umbildung unter den Bedingungen der Übergangsperiode und des Aufbaus der Marktwirtschaft, gegründet auf dem Bund oder der Vereinigung von Industriebetrieben und Finanzorganisationen (Industrie-Finanzgruppen) bei gemeinschaftlichen wirtschaftlichen Interessen für die Schaffung ökonomischer Vorherrschaft durch Konzentration des Finanz- und Industriekapitals, aber mit Berücksichtigung der Interessen des Arbeitskräftepotentials.

Korruption 584 721591 68 – strafbares kriminelles Delikt, begründet auf die Nutzung der ihm verliehenen Rechte durch eine amtliche Persönlichkeit (einschließlich politischer und gesellschaftlicher Funktionäre) für die Durchführung gesetzlich strafbarer Handlungen (einmaliger oder ständiger funktioneller Aufträge), die mit Bestechungsgeld bezahlt werden.

Kosten, die nicht mit der Herstellung zusammenhängen 498612719714 – Summe der laufenden Ausgaben, die nicht unmittelbar mit dem Herstellungsprozess des Erzeugnisses verbunden sind, aber in die vollständigen Selbstkosten der Produktion einbezogen werden.

Kraftstoff- und Energiekomplex 618 317219 489 – Gesamtheit der Betriebe verschiedener Industriezweige, die Kraftstoff- und Energieressourcen gewinnen und verarbeiten.

Kraftstoff- und Energieressourcen für technologische Ziele 619 518498 717 – Artikel der Selbstkosten, in dem die laufenden Ausgaben für Kraftstoff für die Gießereiproduktion und für das Erhitzen des Metalls in der Schmiede- und Pressenabteilung, der Wert der Energie für Elektroschmelzöfen, für technische Ausrüstung, Beleuchtung, Heizung u. dgl. aufgezeigt werden.

Kreditfähigkeit 498 617218 714 – Fähigkeit einer natürlichen oder juristischen Person, alle finanziellen Verpflichtungen entsprechend den Vertragsbedingungen zu erfüllen.

Kreditfrist 548 647218 917 – Zeitraum, in dessen Verlauf der Kreditnehmer verpflichtet ist, die gesamte Kreditsumme einschließlich der Zinsen für die Kreditnutzung zurückzuzahlen.

Kreditmittel 689721219497 – Geldkapital, dessen Besitzer einer juristischen Person (Betriebe, Firmen) eine Geldsumme gegen eine bestimmte Bezahlung in Form der Kreditzinsen zur Verfügung stellt.

Kreditor 514 567319 518 – juristische oder natürliche Person, die leiht, die Kredit für eine festgelegte Zeit gewährt mit Zahlung von Zinsen an den Kreditor für die Dienstleistung.

Kreditrisiko 489 617317 489 – Wahrscheinlichkeit der Nichteinhaltung der Vereinbarung über die rechtzeitige Bezahlung der auf Kredit erhaltenen Produkt (Dienstleistungen), Verringerung des Erlöses bei dem Gang auf den Markt mit einer neuen Produktion u. dgl.

Kreditverschuldung /Kreditoren 564812319481 – durch die Organisation befristet beschaffte Geldmittel, die dem Kreditor zurückgegeben werden müssen mit Berücksichtigung der Zahlung entsprechender Zinsen für den erhaltenen Kredit.

Kreislauf der Umlaufmittel des Betriebs 498 617498714 – schließt drei Stadien ein: im ersten Stadium gehen die Umlaufmittel von der Geldform über in die Warenform (es werden Produktionsreserven, Arbeitskraft erworben), im zweiten verwandeln sich die Produktionsreserven unter Teilnahme der Arbeitsgeräte und der Arbeitskraft in das Endprodukt; in dritten - das Endprodukt wird verkauft, die Mittel werden frei von der Warenform und nehmen wieder die Geldform an.

Kriterium für die Annahme eines Investitionsprojekts 548712317491 – positiver Saldo der angesammelten realen Geldmittel in einem beliebigen Intervall, in dem dieser Teilnehmer Ausgaben macht oder Einnahmen erhält.

Kurzfristiger Kredit 564 718914 818 – Kredit, bereitgestellt für die Sicherung über die Norm gehender Vorräte an Rohstoff und Materialien, für die rechtzeitige Lohnzahlung und befristete Auffüllung fehlender eigener Umlaufmittel, aber auch für die Einführung neuer Technik und neuer Technologie unter der Bedingung der Tilgung innerhalb eines Jahres.

L

Lager 397 214218 64 – Produktionsgebäude, in dem die Sachwerte (Rohstoff, Material, Endprodukte u. dgl.) aufbewahrt werden und ihre Vorbereitung für einen technologischen Prozess und den Verkauf durchgeführt wird.

Lagerschein 318421398728 – Dokument, dass die Annahme der Ware zur Aufbewahrung bescheinigt.

Lagerung von Materialien 497518219681 – Komplex organisatorisch-technischer Maßnahmen, die den Verlust qualitativer und quantitativer Charakteristika der Materialien, die sich in den Lagern befinden, verhüten.

Langfristiger Kredit 514819519471 – Kredit, der von einer Finanz- und Krediteinrichtung für die Rekonstruktion und Erweiterung bestehender und für den Bau neuer Betriebe mit der Bedingung der Rückzahlung innerhalb von 5 Jahren gewährt wird.

Laufende Produktionsausgaben 718 648 – Gesamtheit des materiellen und arbeitsmäßigen Aufwands für die Herstellung der Produktion. Einbezogen werden der Lohn der Produktionsarbeiter, Rohstoff und Material, Fertigprodukte und Halbfabrikate, Amortisation, Ersatzteile für eine Reparatur, billige und schnell verschleißende Gegenstände, Heizstoff u. dgl.

Laufende Vorräte 671 814218 17 – Grundform der normierten Vorräte, die bestimmt werden als Ergebnis des durchschnittlichen Verbrauchs an Arbeitsgegenständen pro Tag für den zeitlichen Abstand zwischen zwei Lieferungen.

Laufzeit des Produkts 319498 719 618 – Stadium des Lebenszyklus des Erzeugnisses, wenn das Volumen der Produktion stabil ist.

Leasing 514 612518 214 – langfristige Form der Pacht von Maschinen, Ausrüstung und anderer Arten von Eigentum, die die periodische Bezahlung ihres Wertes vorsieht.

Leasingvertrag 618491719 217 – Vereinbarung zwischen dem Verpächter und dem Pächter, in dem sie die Rechte und Pflichten jeder der Parteienfestlegen, das heißt, Pachtfrist, Bedingungen der Erhaltung, der Bedienung, der Nutzung der Maschinen und Ausrüstungen u. dgl.

Lebensfähigkeit der Wirtschaft 564317319818 – stabile wirtschaftliche Lage des Staates, der seine Politik bei allen Einflüssen der inneren und der äußeren sozialökonomischen Bedingungen zielgerichtet durchführt.

Lebenszyklus der Neuerung 798217298218 – Zeitabschnitt, beginnend mit der Entstehung der Idee der Schaffung der künftigen Ware (Technologie) oder Dienstleistung bis zum Moment ihrer Herausnahme aus der Produktion.

Lebenszyklus des Betriebs 819714319612 – ökonomisch begründete Periode der wirtschaftlichen Tätigkeit des Betriebs.

Lebenszyklus des Erzeugnisses 498218514612 – Periode von der Einführung der Ware auf den Markt bis zur Herausnahme des Erzeugnisses aus der Produktion.

Legalisierung krimineller Einkommen 614814 – Handlung verbrecherischer Gruppen für die Organisation fiktiver Bestätigungen für die gesetzmäßige Herkunft der Einkommen.

Leistung 319418514814 – Wert der Produktion, die in einem bestimmten Zeitraum hergestellt wurde, bezogen auf eine Arbeitskraft oder einen Arbeiter aus der Zahl des produktiven Personals.

Liberalisierung 614 812498 71 – ökonomische Freiheit auf dem Markt als Folge des Abbruchs der Tätigkeit aller Einschränkungen der ökonomischen Tätigkeit der Warenproduzenten und Vermittler, die auf dem Markt arbeiten.

Lieferung 819471 – Vereinbarung, die den Verkäufer verpflichtet, dem Verbraucher das Erzeugnis und andere Sachwerte in einer bestimmten Frist im angegebenen Umfang zu liefern.

Liefervertrag 574 814319 614 – Vereinbarung, die zwischen den herstellenden Betrieben über die Lieferung der Ware durch den Herstellerbetrieb der materiellen Werte (Rohstoff, Materialien, Zulieferteile, Enderzeugnis usw. an den Verbraucherbetrieb abgeschlossen wird.

Limitierte Preisbildung 61482 – Strategie der auf dem Markt herrschenden Firma, die die Senkung des Preises für Waren und Dienstleistungen bis zu einem Niveau vorsieht, das für die Konkurrenten ökonomisch nicht gerechtfertigt ist.

Liquidation des Betriebs (der Firma) 61481481247 – Einstellung der Tätigkeit des Betriebs (der Firma) auf der Grundlage eines Gerichtsbeschlusses über die eingestandene Zahlungsunfähigkeit, wegen des Ablaufs der Frist, für die er geschaffen wurde, auf Beschluss der allgemeinen Versammlung (für AG), des übergeordneten Organs (für staatliche Betriebe).

Liquidation des produktiven Anlagevermögens 498 712619 714 – Abschreibung des produktiven Anlagevermögens aus der Bilanz des Betriebs wegen physischen Verschleißes und moralischer Alterung, fehlender betrieblicher Bedürfnisse u. dgl.

Liquidationswert 498 621314851 – Verkaufswert des physisch verschlissenen Anlagevermögens (in der Regel zum Schrottpreis).

Liquide Aktiva 598671319714 – Mittel, die leicht zu Geldmitteln werden können; Reste von Verrechnungskonten in Banken, Sachwerte und andere Elemente des Eigentums, die schnell verkauft werden können und entsprechend der Verpflichtung in die Summe zur Tilgung der Schuld einbezogen werden können.

Liquide Mittel 548517219419 – Gesamtheit der Barmittel und andere Aktiva, mit deren Hilfe der Besitzer die Zahlungen der laufenden und der Kreditverbindlichkeiten verwirklichen kann.

Liquidität 419 498519 717 – Möglichkeit der Umwandlung der Aktiva des Betriebs in Geld für die Tilgung entstandener Verbindlichkeiten.

Liquidität der Firma (des Betriebs) 516814514817 – Fähigkeit der Firma, entsprechend ihren Verpflichtungen die Schuld rechtzeitig zu tilgen.

Liquidität eines Marktes 514 712519 61 – Fähigkeit des Marktes, auf die Veränderung der Nachfrage und des Angebots durch Beschaffung von Käufern und Verkäufern zu reagieren.

Liquiditätssteuerung 694 712814 914 – Verzeichnis der organisatorisch-technischen Maßnahmen, die auf die Sicherung der rechtzeitigen Umwandlung der Aktiva in Geldmittel zur Verrechnung der Verbindlichkeiten gerichtet sind.

Lizenz 54856748994 – Erlaubnis zur Nutzung eines Produkts geistiger Arbeit innerhalb einer festgelegten Frist gegen eine bestimmte Entschädigungssumme.

Lizenzabkommen 21487131978 – offizielles staatliches Dokument, das das Recht einer juristischen oder natürlichen Person bescheinigt, eine wirtschaftliche Tätigkeit (Produktion, Handel, Dienstleistungen u. dgl.), finanzielle Operationen in außenwirtschaftlicher Tätigkeit, Nutzung der patentierten Dokumentation u. dgl. durchzuführen.

Lizenzgeber 219714854891 – natürliche oder juristische Person, die dem Käufer (Lizenznehmer) gegen eine bestimmte Entschädigung seine Urheberrechte für die Nutzung einer Erfindung, einer technischen oder technologischen Lösung für eine bestimmte Frist überlässt.

Lizenzgebühren 514891619714 – in der Lizenzvereinbarung festgelegte periodische Zahlung an den Lizenzgeber für das Recht der Nutzung der Erfindungen, Patente, Know-how u. dgl.

Lizenzhandel 56457281421 – Form des Handels mit Technologie, z.B. Patenten, Lizenzen von Erfindungen, Know-how, kommerzielles Wissen.

Lizenzierung 69849871949 – Art der staatlichen Regulierung der unternehmerischen Tätigkeit durch die Ausgabe von Erlaubnissen (Lizenzen) unter bestimmten Bedingungen auf das Recht, eine Tätigkeit im Bereich der Produktion und des Verkaufs der Waren und Dienstleistungen mit der Absicht, Gewinn zu erzielen, auszuüben.

Lizenznehmer 286148214278 – natürliche oder juristische Person, die das Recht zur Nutzung der Erfindungen des Urhebers, der Patente und anderer technischer Lösungen kauft.

Logistik 714891319481 – Disziplin, die die Prozesse der Steuerung, Organisation, Planung und Kontrolle des Materialflusses untersucht, der es ermöglicht, die Beförderung materieller und nichtmaterieller Objekte im Bereich des Produktionsprozesses und des Verkaufs der Produktion zu sichern.

Lohn 914 489198 71 – Wertekategorie, die die umgewandelte Form des Wertes und den Preis der Arbeitskraft charakterisiert; Form der Verteilung eines Teils des wertes zwischen den Arbeitern entsprechend ihrem Anteil an der Gesamtheit der gesellschaftlichen Arbeit.

Lohn der Arbeiter 314516 719481 – Lohn, der für die Erfüllung technologischer Operationen bei der Herstellung der Produktion gezahlt wird.

Lohneinsparung 561498519712 – Einsparung, die im Ergebnis der Senkung des Arbeitsaufwands erreicht wird, das heißt, der Zeit für die Herstellung einer Einheit der Produktion.

Lokaler Markt 5196854871 – Situation auf dem Markt, bei der zwischen den Warenproduzenten (Verkäufern) und den Verbrauchern (Käufern) der Ware oder der Dienstleistungen Beziehungen im Rahmen einer bestimmten territorialen Zone (Stadt, Kreis usw.) entstehen.

M

Makroökonomie 719489519617 – Bereich der Wirtschaftswissenschaft, der sich der Untersuchung ökonomischer Probleme und Situationen auf volkswirtschaftlicher Ebene widmet, zum Beispiel Veränderung des Nationaleinkommens, Investitions- und Steuerpolitik, theoretische Aspekte der Bestimmung des Bedarfs an Arbeitskraft, Methodologie der Einschätzung des Niveaus der Inflation, der Arbeitslosigkeit u. dgl.

Management 47854931961 – Gesamtheit der Methoden, Verfahren und Mittel der Leitung einer Firma (eines Betriebs) unter Marktbedingungen mit dem Ziel der Gewinnmaximierung.

Manager 54931721854 – Spezialist für die Organisation und Leitung der Produktion; professioneller Leiter, der Vollzugsgewalt hat.

Marge 948518219471 – Einkommen, erzielt durch den Unterschied der Zinsen, die für ein Darlehen, das dem Kunden gegeben wird, festgelegt werden und für die Gewinnung von Geldmitteln für die Bank.

Marginale Ausgaben 489513317485 – Bruttoausgaben der Produktion, die im Ergebnis der Veränderung der Selbstkosten einer Einheit der Produktion infolge des Wachstums oder des Fallens des Produktionsvolumens wachsen oder verringert werden.

Marginaleinkommen 51482131957 – Einkommen (Erlös), erzielt im Ergebnis des Verkaufs einer zusätzlichen Einheit der erzeugten Produkte.

Marginalismus 548518317617 – Richtung in der Wirtschaftswissenschaft, die die ökonomischen Situationen mit Hilfe von Grenzwerten untersucht, z. B., Grenzwert der Ausgaben, des Minimalniveaus des Arbeitslohns, des Zinssatzes u. dgl.

Marketing 619481578491 – System der Leitung der Sphäre der Tätigkeit der Firma (des Betriebs), die die Einführung der Ware auf den Markt sichert zur Befriedigung der Nachfrage unter Berücksichtigung der Forderungen des Käufers und seiner Zahlungsfähigkeit.

Marketing-Möglichkeit des Betriebs 514212519718 –Ausarbeitung und Verwirklichung des Maßnahmeplans zur Erreichung der Konkurrenzvorherrschaft im Prozess der Produktion und des Verkaufs der Produkte.

Marketing-Wettbewerb 548 614219 718 – Erarbeitung der Bedingungen (eines Plans), die das Erreichen der wirtschaftlichen Ziele des Betriebs in Richtung der Befriedigung der Bedürfnisse der einzelnen Märkte mit wettbewerbsfähigeren Waren im Vergleich zu den Waren der aktiven Mitbewerber sichern.

Marketingdienst 498 197519 814 – Gesamtheit der Unterabteilungen des Betriebs, die sich mit der Planung des Verkaufsvolumens, der Analyse der tätigen Märkte unter dem Gesichtspunkt der Nachfrage, des Preises, der Möglichkeiten der Konkurrenten u. dgl. befassen.

Marketingplan 689710192 4 – Abschnitt des Businessplans in dem die konkreten Strategien der Festlegung der Preise und des Umfangs des Absatzes der fertigen Produkte, die Methoden der Stimulierung der Reklametätigkeit, die Marktkonzeption der Firmenleitung ausgewiesen werden.

Markt 59862481979 – System ökonomischer Beziehungen , die im Warenproduktionsbereich im Ergebnis des Umlaufs und der Verteilung der Waren und Dienstleistungen beim Kauf/Verkauf entstehen.

Markt der monopolistischen Konkurrenz 59879481978 – Art der Konkurrenz, wenn auf dem Markt das gesamte Fabrikationsprogramm von einer großen Zahl von Warenproduzenten angeboten wird, deren Erzeugnisse nicht nur spezialisiert, sondern auch differenziert sind.

Markt des reinen Wettbewerbs 71849851971 – Marktsituation, wenn eine große Anzahl von Warenproduzenten und Verbrauchern vorhanden ist, die eine gleichartige spezialisierte Ware herstellen und verkaufen.

Markt für Waren des industriellen Einsatzes 61971231949 – natürliche oder juristische Personen, die Produktionsmittel zur Herstellung anderer Waren oder Dienstleistungen, die verkauft oder verpachtet werden, verkaufen und erwerben.

Marktanteil 598713 218064 19 – Anteil der Ware eines bestimmten Warenproduzenten am gesamten Wert der Größe des Angebots der entsprechenden Ware, die auf dem Markt von verschiedenen Lieferanten angeboten wird.

82

Marktaufnahmefähigkeit 548916219718 – angenommene Größe des Angebots (potentieller erlös) die vorgegebenem Preisniveau, Umfang des Verkaufs in einem bestimmtem Zeitraum.

Marktausstieg 598471319718 – marktwirtschaftliche Situation, charakteristisch für den einzelnen Warenproduzenten, dessen Erzeugnisse wegen der geringen Wettbewerbsfähigkeit für einen längeren Zeitraum keinen genügenden Erlös sichern können.

Marktgleichgewicht 54847981971 – ökonomische Marktsituation, bei der die Größe der Nachfrage gleich ist mit der Größe des Angebots.

Marktkonjunktur 598642319 718 – periodisch entstehende ökonomische Situation, die durch die Gesamtheit der Merkmale charakterisiert ist und den ökonomischen Zustand des Warenmarktes zeigt.

Marktkonzeption 519 417 – Konzeption, nach der sich der Warenproduzent am Verbraucher und der Marktsituation orientieren soll, ebenso ist ein detailliertes Studium des Angebots, des ökonomischen Verhaltens und der Möglichkeiten des Käufers vorgesehen.

Marktnische 948512 61971 18 – Teil des Marktes (Segment), der noch nicht von den Unternehmern erschlossen ist.

Marktpreis 398 698218 61 – Preis, zu dem der Kauf-Verkauf auf dem entsprechenden Markt durchgeführt wird.

Marktprioritäten 519 674 819 6 – Privileg im Prozess der Befriedigung konkreter Bedürfnisse des Käufers.

Marktprognostizierung 61431781941 – wissenschaftlich begründete Vorschläge zur Veränderung des Marktpotentials: Ausmaß der Nachfrage, Dynamik der Preise, Zahlungsfähigkeit der Käufer, Niveau der Wettbewerbsfähigkeit der Produkte usw.

Marktsegment 548 647194 821 – Teil des Warenmarktes, dessen Hauptnutzer durch gemeinsame Interessen verbunden sind.

Marktsegmentierung 518 613910 648 – Aufteilung des Marktes in Segmente nach festgelegten Merkmalen, z. B., nach der Kategorie der Käufer, der Warenart u. dgl.

Marktsektor 31489481951 – vergrößerter Teil des Marktes, auf dem die Warenpolitik des Betriebs unter dem Einfluss des Geschmacks und der Bedürfnisse der Käufer formiert wird.

Marktstrukturnorm 69831721941 – Fehlen der dominierenden Rolle eines Warenproduzenten unter den zahlreichen Konkurrenten.

Marktwirtschaft 598 642719 914 – ökonomische Situation, für die die Gesetze der Warenproduktion, das heißt, Nachfrage, Angebot, Wertgesetze u. dgl., die Hauptbedingungen der Entwicklung der Wirtschaft des Landes sind.

Maschinen und Ausrüstung 518421578491 – Gruppe des produktiven Anlagevermögens, einschließlich : Kraftmaschinen und Ausrüstung, die für die Gewinnung und Umwandlung der Energie vorgesehen sind; Arbeitsmaschinen und Ausrüstung, direkt genutzt für die Einwirkung auf den Arbeitsgegenstand oder für seine Umlagerung im Prozess der Schaffung von Produkten oder der Erweisung von Dienstleistungen, das heißt, für die unmittelbare Teilnahme am technologischen Prozess.

Maschinenausfall 981498714317 – Leerlauf der Ausrüstung in der Arbeitszeit.

Maschinenzeitaufwand für ein Einzelteil 614185498714 – Bearbeitungszeit (gemessen in Minuten und Stunden) eines Einzelteils auf der Maschine entsprechend den technologischen Bedingungen.

Maschinenzeitaufwand im Jahresprogramm 548 497497 17 – Zeit für die Herstellung der ganzen Nomenklatur und des Volumens der Einzelteile, die im Laufe eines Jahres auf der Maschine bearbeitet wurden.

Maßeinheit der Leistung 319617319489 – Rechnungs- und Planungseinheit der Anzahl der Maschinen, Ausrüstung, Geräte, der Leistung der Motoren, die in Maschinen und in der Ausrüstung angebracht sind, um diese in Bewegung zu bringen, der Produktivität (Arbeitsaufwand, Maschinenaufwand, Arbeitsleistung).

Massenproduktion 64914871961 – fortschrittliche Form der Organisation der Produktion, die große Mengen der Fertigung zugehöriger Erzeugnisse bei hoher Konzentration der ökonomischen und Produktionsausrüstung und Erweiterung der sachlichen Spezialisierung sichert.

Materialintensität der Produktion 498471 – ökonomische Kennziffer, die die Kosten des materiellen Aufwands ausweist, die auf 1 Geldeinheit der Selbstkosten der Produktion oder des Wertes der Bruttoproduktion kommen.

Materialreserven 549317219614 – Produktionsmittel, das heißt Arbeitsgeräte und Arbeitsgegenstände, die für die Sicherung des Prozesses der materiellen Produktion geschaffen werden: Maschinen, Ausrüstung, Werkzeug, Vorrichtungen, Rohstoff, Material, Halbfabrikate u. dgl.

Materialströme 61971841 – Gesamtheit der Sachwerte (Rohstoff, Materialien, Einzelteile, Halbfabrikate, Zulieferteile), die nach einer technologischen Route umgelagert werden zur Ausführung von Operationen der Reihe nach (Rohbearbeitung, mechanische Bearbeitung, Montage), die mit der Herstellung des Endprodukts zusammenhängen, aber auch Lagerung und Transport der Produktion zum Verbraucher.

Materiell-technische Ressourcen 56417492 – Gesamtheit der Arbeitsgegenstände Rohstoff, Materialien, Kraftstoff u. dgl.) und der Arbeitsgeräte (Maschinen und Ausrüstung), die die Arbeitsgegenstände verarbeiten.

Materieller Anreiz 104218314261 – materielle Güter zur Stimulierung der Arbeitstätigkeit.

Mechanikausrüstung der Arbeit 54871231949 – Wert des führenden

Teils des produktiven Anlagevermögens, der als Grundlage für die Einschätzung des technischen Niveaus der Produktion dient, bezogen auf die Durchschnittszahl der Arbeiter.

Mehrgewinn 497 81681947 – Überschreitung der geplanten oder durchschnittlichen Größe durch den tatsächlichen Gewinn.

Mehrmaschinenbedienung 5485491941 – Arbeit eines Maschinenarbeiters an zwei oder mehr Maschinen. Ermöglicht die Verringerung des Stillstands der Ausrüstung in einer Schicht und die Steigerung der Arbeitsproduktivität.

Mehrwert 19156481918 – Teil des neuen Wertes, der durch den Arbeiter mithilfe der zusätzlichen Zeit geschaffen und vollständig durch den Warenproduzenten angeeignet wird.

Mehrwert 648517219 648 – Wert der Ware minus Wert des Materials, das für die Herstellung dieses Produkts aufgewendet wurde.

Mehrwert 694 191219 648 – Teil der geschaffenen Industrieproduktion, in deren Wertstruktur die Aufwendungen lebendiger Arbeit durch den Warenproduzenten nicht bezahlt werden.

Mehrwertrate 71431651481 – Verhältnis des Mehrwerts, der durch den Warenproduzenten angeeignet wird (Gewinn), zum Wert der Reproduktion der Arbeitskraft (Lohn des Arbeiters) oder Verhältnis der Mehr-Arbeitszeit, in der der Mehrwert geschaffen wird, zur notwendigen Zeit, mit deren Hilfe sich die Arbeitskraft reproduziert; wird in Prozenten ausgedrückt.

Mehrwertsteuer 491316318914 – die Steuer stellt sich dar als Regel für die Einziehung in den Staatshaushalt eines Teils des Mehrwerts, der in allen Phasen der Warenproduktion, der Arbeitsleistung oder Dienstleistungserstellung geschaffen wird.

Messe 516 218319 712 – Variante des periodisch funktionierenden Marktes für den Verkauf von Produktionsmitteln, Verbrauchsgütern und

Dienstleistungen.

Mezoökonomie 58947569418 – wissenschaftliche Disziplin, die die ökonomischen Prozesse auf der Ebene der Zweige der Volkswirtschaft und großen Vereinigungen untersucht.

Miete 31848561 – Übergabe des Eigentums zur temporären Nutzung gegen Gebühr.

Migration der Arbeitskraft 61971549871 – Verlegung der arbeitsfähigen Bevölkerung im Ergebnis der Veränderung der wirtschaftlichen Situation an den Orten der Beschäftigung.

Mikromilieu 514819519716 – Gesamtheit der sozial-ökonomischen Prinzipien des Betriebs, die ihm das effektive Funktionieren auf dem Markt sichert.

Mikroökonomie 69831721841 – wissenschaftliche Disziplin, die ökonomische Prozesse und Objekte (Betriebe, Firmen) verhältnismäßig kleinen Maßstabs untersucht.

Minderauslastung der Produktionskapazität 48971231649 – Zeitverluste innerhalb der Schichten und schichtweise Verluste an Arbeitszeit der technologischen Ausrüstung (die zur Produktionskapazität zu rechnen ist), die die Plangröße überschreiten.

Mit beschränkter Haftung 51486417 – Verantwortung juristischer Personen für ihre Pflichten, eingeschränkt durch die Größe des Aktienkapitals.

Miteigentum 613 482819718 – Eigentum, das mehreren natürlichen oder juristischen Personen gehört mit einem bestimmten Anteil für jeden Teilnehmer.

Mittel in Abrechnungen 548 491319614 – befristet aus dem Umlauf genommene Geldmittel des Betriebs für die Abrechnung mit natürlichen und juristischen Personen.

Mittel in gelieferten Waren 54831941948 – Teil der nicht normierten

Umlaufmittel, die an den Verbraucher ohne vorherige Bezahlung versandt wurden, das heißt, die Geldmittel für die gelieferte Produktion überweist der Verbraucher auf das Verrechnungskonto des Herstellers nach Erhalt der Ware.

Mittelbeschaffung 59861731849 – Fremdgelder in Form von staatlichen oder kommerziellen Krediten zur Komplettierung der Umlaufmittel.

Modernisierung der Ausrüstung 548164918 – Vervollkommnung, Erneuerung der Ausrüstung, der Maschinen, der technologischen Prozesse mit dem Ziel der Steigerung der Arbeitsproduktivität und der Verbesserung ihrer ökonomischen Kennziffern.

Möglichkeiten der Firma 598782614016 – Teil des Businessplans, der die Hauptrichtungen der Produktionstätigkeit der Firma angibt mit Angabe der Ziele (Volumen der Produktion und Realisierung, Sicherung des Erlöses und des Gewinns, Erhöhung des Anteils der Erzeugnisse (der Dienstleistungen) der Firma auf den Märkten) und des Plans der organisatorisch-technischen Maßnahmen zu ihrer Verwirklichung.

Monopol 348612317514 – ausschließliches Recht natürlicher, juristischer Personen oder des Staates zur Formierung der Warenpolitik, der Preisregulierung und des Umfangs des Warenverkaufs.

Monopolpreis 614891391718 – Marktpreis für Waren und Dienstleistungen, der höher oder niedriger als der Wert der Ware (der Dienstleistung) festgelegt wird in Abhängigkeit von den Interessen der Warenproduzenten, die auf dem Markt die Monopolstellung innehaben.

Monopson 91851631947 – ökonomische Situation auf dem Markt, bei der eine große Zahl von konkurrierenden Verkäufern einen Käufer-Monopolist bedient.

Moralischer Verschleiß 497189519491 – Prozess des Wertverlusts der Elemente des Grundkapitals auf Grund des Erscheinens billigerer und pro-

duktiverer Ausrüstung auf dem Markt.

Moralisches Risiko 61214954718 – Verhalten einer juristischen oder natürlichen Person, das auf die bewusste Erhöhung des Risikos der Entstehung von Verlusten gerichtet ist. Dabei wird deren Deckung auf Kosten der Versicherungsgesellschaft angenommen.

Moratorium 61821331941 – Aufschub der übernommenen Verpflichtungen zur Rückzahlung des Kredits, zur Erfüllung von Operationen der Schuldvereinbarungen.

Motivation 498714 – Bedingung für die effektive Verwirklichung einer gefassten Entscheidung auf der Grundlage materieller oder moralischer Stimulierung einer Tätigkeit. Negative Motivation tritt in Erscheinung bei Verhängung von Sanktionen (Tadel, Senkung des Prozentsatzes der Prämie usw.)

Motivationsanalyse 648317219 – Richtung der Marketinguntersuchung, verbunden mit der Aufdeckung der Gründe der Veränderung des Verbraucherverhaltens auf dem Markt und Einschätzung ihres Einflusses auf die Veränderung der Nachfrage.

Multinationales Monopol 819 712498 714 – die stärksten Industrie- und Finanzorganisationen mit einer hohen Konzentration der Produktion und des Kapitals sowohl innerhalb des Landes als auch außerhalb.

N

Nachfrage 518 681319 719 – ökonomische Kategorie, die charakteristisch ist für die Warenproduktion und die den gesamten gesellschaftlichen Bedarf an verschiedenen Waren unter Berücksichtigung der Zahlungsfähigkeit der Käufer angibt.

Nachfrage mit einheitlicher Elastizität 519 691917 819 – Marktsituation, bei der das Wachstumstempo der Nachfrage gleich ist mit dem Tempo der Preissenkung oder das Tempo der Preissteigerung mit dem Tempo des Sinkens der Nachfrage.

Nachfrageelastizität 516 718219 614 – Beziehung zwischen den Veränderungen des Preises und der Nachfrage nach der Ware.

Nachfragefunktion 513819719498 – mathematische Abhängigkeit der Nachfrage nach verschiedenen Waren und Dienstleistungen von solchen Faktoren wie Erscheinen von Ersatzprodukten, Vergrößerung der Anzahl der Käufer, Wachstum ihrer Zahlungsfähigkeit u. dgl.

Nachfragegleichung 694 713519 498 – Ökonomisch-mathematisches Modell, in dem die Nachfrage oder die Größe der Nachfrage eine variable Größe ist, die von den sich ändernden Faktoren abhängt.

Nachfragekurve 6441818319 481 – Kurve, die graphisch das Gesetz der Nachfrage zeigt, nach dem bei sinkendem Preis die Nachfrage wächst und umgekehrt, die Nachfrage sinkt bei steigendem Preis.

Nachfrageüberhang 319618 – überschüssige Nachfrage, umgeleitet auf einen anderen Markt.

Nationaleinkommen 564718319741 – Kennziffer der wirtschaftlichen Entwicklung eines Landes, die die umgewandelte Form des Mehrwerts (des Gewinns) plus Provisionen für Dienstleistungen in der nichtproduktiven Sphäre ausweist.

Nebenprodukt 519 614 – Produkt (Ware), das gleichzeitig im Prozess der Herstellung des Hauptprodukts erzeugt wird.

Nettoproduktion 819714319612 – ökonomische Kennziffer, die als Differenz zwischen der Bruttoproduktion und der Summe der materiellen Ausgaben und der Amortisation bestimmt wird; mit anderen Worten – das ist der Lohn plus Gewinn.

Neubewertung des Wertes des Eigentums 219613819714 – Änderung

90

des Bilanzwertes des Eigentums im Vergleich zu seinen Anschaffungskosten, zum Beispiel im Ergebnis einer Inflation.

Neuer Wert 49861271941 – diese Variante des Wertes besteht aus zwei Teilen. Der erste – das ist der Wert der Wiederherstellung der Arbeitskraft, der die gesellschaftlich notwendige Arbeitszeit ausweist, das heißt, jenen Teil der Zeit des Arbeiters, der für die Wiederherstellung des Äquivalents des Wertes der Arbeitskraft aufgewendet wird und als Lohn des Arbeiters gilt. Der andere, größere Teil, das heißt, die zusätzliche Zeit, ist die Quelle der Schaffung des Mehrwerts, der vollständig durch den Warenproduzenten in Besitz genommen wird.

Nicht produktionsbedingte Kosten 719 314 5198042178 – laufende Aufwendungen, die nicht unmittelbar mit der Verwirklichung des Produktionsprozesses verbunden sind.

Nicht vergleichbare Produktion 589712698714 – in dieser Periode laufende Produktion, aber auch die Produkte der Versuchsproduktion, die im vorhergehenden Jahr erzeugt wurden, und Erzeugnisse, bei denen Veränderungen der technischen Bedingungen vorgesehen sind.

Nicht-Preis-Wettbewerb 598571 – Widerspiegelung der Qualität und der Neuheit der Ware, Niveau des Services und die Progressivität der Formen des Verkaufs, die Berücksichtigung der spezifischen Interessen der Käufer usw.

Nichtproduktives Anlagevermögen 619 717498 219 – Objekte langfristiger nichtproduktiver Bestimmung, die ihre natürliche Form behalten und ihren Wert teilweise im Prozess ihrer Nutzung verlieren.

„Nische" der Verbrauchernachfrage 31971236149 – Vorhandensein einer Warennomenklatur, die die Bedürfnisse der Käufer nicht befriedigt. Im Ergebnis entsteht ein Defizit, das die Möglichkeit bietet, mit einer Produktion auf den Markt zu gehen, die den Defizitbedarf des Käufers befriedigt.

Niveau des Vertrauens 678 491316 497 – technisch-ökonomische Einschätzung des Einflusses jeder Kennziffer, die in die entsprechende Gruppe der technischen oder ökonomischen Kennziffern gehört, die das relative Niveau der Wettbewerbsfähigkeit der Produktion oder der Produkte bestimmen.

Nominaler Zeitfonds 489514898617 – Arbeitszeit einer Einheit der Ausrüstung bei ihrer maximalen Nutzung in der Planungsperiode, die bestimmt wird als Produkt aus der Zahl der Arbeitstage in der Planungsperiode und der Zahl der Arbeitsschichten und der Zahl der Arbeitsstunden je Schicht.

Nominallohn 614 812319 71 – Geldausdruck der Bezahlung der Arbeit in Übereinstimmung mit der Produktivität der Arbeit.

Norm 5713196194 – Muster, Maßstab, maximal zulässiger Aufwand oder Größe, festgelegtes Maß.

Norm der Stückrechenzeit 519418313184 – Norm der Zeit, die für die Herstellung einer Produktionseinheit erforderlich ist und für die Vorbereitungs- und Abschlusszeit.

Normative spezifische Fondsintensität einer Einheit des Erzeugnisses 548 671319 781 – Kennziffer, die auf der Grundlage der ökonomisch-mathematischen Modellierung erarbeitet wird und erlaubt, den Einfluss der Faktoren und Argumente der Produktion auf ihre Größe in einzelne Intervalle der Perspektivperiode einzuschätzen.

Normierung der materiellen Werte 21967149851 – Festlegung der maximal zulässigen Menge an Rohstoff und Material, die für die Herstellung der Produkte erforderlich ist.

Nutzbarkeit 648 712319 614 – Fähigkeit der Ware oder der Dienstleistung, ein Bedürfnis natürlicher oder juristischer Personen zu befriedigen.

Nutzungsfrist der Ausrüstung 574 481319 614 – Zeitraum vom

Beginn der Nutzung der Ausrüstung (Beginn der Amortisationsperiode) bis zu ihrem vollständigen physischen Verschleiß (Abschluss der Amortisationsperiode).

O

Objekt der Investitionstätigkeit 619718 510691 – Verwendung der Geldmittel zur Auffüllung des Anlagevermögens und des Betriebskapitals, Wertpapiere, Produkte intellektueller Arbeit u. dgl.

Oeldollar 5648141 – Einnahmen des Staates aus dem Export von Erdöl und anderen Energieressourcen.

Offerte 51457149847 – offizielles Angebot über den Abschluss eine Kaufs/Verkaufs zwischen natürlichen oder juristischen Personen.

Ökonomie 519318498614 – wissenschaftliche Disziplin, die die Prozesse der wirtschaftlichen Tätigkeit des Betriebs (Mikroökonomie), des Industriezweigs (Mezoökonomie), ökonomische Erscheinungen und Prozesse größeren Maßstabs, Inflation, Niveau der Beschäftigung u. dgl. (Makroökonomie) untersucht.

Ökonomische Kategorie 69831821971 – theoretischer Ausdruck der Hauptseiten der Produktionsverhältnisse, die im Prozess der Schaffung materieller Güter, ihres Verkaufs und ihres Verbrauchs entstehen.

Ökonomische Logistik 518317216498 – ökonomische Einschätzung jedes der Stadien (der Etappen) der Förderung des Materialflusses (des Informationsflusses usw.), beginnend beim Erwerb des Rohstoffs und des Materials für die Sicherung der Produktionsprozesse bis hin zum Transport des Endprodukts zum Ort des Verkaufs.

Ökonomisches Gleichgewicht 519819491712 – hypothetische Marktsituation, wenn die Gleichheit von Nachfrage und Angebot für auf dem

Markt vorhandene Waren beobachtet wird.

Ökonomisches Gleichgewicht 89562131949 – Marktsituation, bei der die Bedürfnisse der Käufer mit den Plänen der Verkäufer zusammenfallen, das heißt, bei dem gegebenen Preis für die Ware wird ein Gleichgewicht zwischen Angebot und Nachfrage festgestellt.

Oligarchie 498 715319 718 – Form der Leitung des Staates durch eine Gruppe selbständiger und einflussreicher Menschen, die zur politischen, ökonomischen und industriellen Elite gehören.

Oligopol 519 712614 178 – Herrschaft einer kleinen Anzahl von Waren-produzenten in der Produktion und auf dem Markt einer bestimmten Ware.

Oligopolistischer Markt 56421971981 – Markt, der einen großen Raum einnimmt, aber sein Entwicklungstempo ist begrenzt, einerseits als reiner Monopolmarkt, andererseits als Markt der monopolistischen Konkurrenz.

Oligopson 489 47149818 – Marktsituation, für die das Vorhandensein von Monopol-gruppen von Käufern einer bestimmten Ware charakteris-tisch ist, die einen großen Einfluss auf die Festlegung der Marktpreise, auf die Veränderung des Volumens des Aufkaufs haben.

Operationsforschung 584214 – Ausarbeitung und Nutzung verschie-dener Methoden der angewandten Mathematik für die Optimierung der Lö-sungen sozial-ökonomischer und produktions-wirtschaftlicher Aufgaben.

Operatives Management 898 916517 – Ausarbeitung von Leitungs-entscheidungen für die Sicherung der rechtzeitigen Erfüllung geplanter Ar-beiten auf der Grundlage der Nutzung des Betriebs- und Zeitplans und der Schicht- und Tagesaufgaben im Schnitt jeder Unterabteilung der Produk-tion, jedes Bereichs, jedes Arbeitsplatzes.

Operatives Niveau des Marketingmanagements 917 614219 61 – technisch-ökonomische Begründung der Aufgaben, die gelöst werden, rea-lisiert nach dem Plan der allgemeinen Strategie des Betriebs.

Organisation der Produktion 498 617 – Prozess der rationalen Verbindung der Arbeitsressourcen mit dem Material und den materiellen Elementen der Produktion zur Sicherung des geplanten Ausstoßes an Fertigprodukten und der Erfüllung der Dienstleistungen unter Berücksichtigung der Minimierung der Ausgaben und des Arbeitsaufwands der Erzeugnisse.

Original des Dokuments 598 641317064819 – das ursprüngliche Exemplar des Dokuments.

P

Pacht 49718016541 – befristete Übergabe des juristischen Rechts zur Nutzung des Bodens, der Gebäude, der Ausrüstung, der Arbeitsgeräte und anderer aktiver Elemente des produktiven Anlagevermögens durch den Besitzer des Eigentums (Verpächter) an eine andere Person (Pächter).

Pachtzins 71931851481 – Vergütung, die vom Pächter für das Recht der Nutzung des als Pacht erhaltenen Eigentums.

Paradigma des Marktes 198682718014 – Gesamtheit der Begriffe und Prinzipien, die die Effektivität des Funktionierens der Marktprozesse aufdeckt.

Park der technologischen Grundausrüstung 49831731881 – Teil des Geräteparks, der für die Ausführung technischer Operationen bei der Herstellung der Produkte verwendet wird.

Passiva 619714 – rechte Seite der Buchhaltungsbilanz, die die Quellen der Entstehung der Mittel des Betriebs, seiner Finanzierung, ausweist, gruppiert nach ihrer Zugehörigkeit und Bestimmung.

Passiver Teil des produktiven Anlagevermögens 89482149561 – Zusatzteil des produktiven Anlagevermögens (Gebäude, Anlagen u. dgl.), die den Arbeitsprozess der aktiven Elemente sicherstellen.

Patent 498792514 – Dokument, das das Recht des Autors an einer Erfindung bescheinigt, ebenso die Erlaubnis zur Nutzung der Erfindung. Letzteres gilt für einen durch das Gesetz festgelegten bestimmten Zeitraum.

Patentinhaber 5186173194 – natürliche oder juristische Person, die das ausschließliche Recht des Autors besitzt, die Erfindung nach ihrem Ermessen zu nutzen.

Pauschalzahlung 3174984711 – Bestandteil der Lizenzvereinbarung, der die für die Nutzung der Lizenz zu zahlende Summe ausweist. Die Höhe der Summe wird im prozentualen Verhältnis zum wirtschaftlichen Effekt, den der Käufer der Lizenz im Ergebnis ihrer Nutzung erzielt, festgelegt.

Personal des Industriebetriebs 4813164 – quantitative und funktionelle Charakteristik des Personalbestands des Industriebetriebs, der unmittelbar oder indirekt an der Herstellung des Endprodukts, an der Organisation und Leitung der Produktion teilnimmt.

Pfand 519016 914571 – Eigentum und andere materielle Werte, die als Sicherung eines Kredits auftreten.

Phasen des ökonomischen Zyklus 619314 801316846 – Kreislauf der Etappen, das heißt, Spitze, Rezession, Krise, Depression, Belebung, Aufschwung.

Physischer Verschleiß 54861271949 – Prozess der physischen Alterung der Elemente des Grundkapitals, in dessen Ergebnis sie für die weitere Verwendung in der Produktion unbrauchbar werden.

Plan 21971231481 – System von Maßnahmen oder Aufgaben, die durch ein gemeinsames Ziel verbunden sind, das ihre Erfüllung in der festgelegten Frist und in einer bestimmten Reihenfolge vorsieht.

Planspiel 518618994817 – Simulation realer Bedingungen der Tätigkeit des Betriebs, der Firma, mit dem Ziel der Aufdeckung von Produktionsreserven und Beseitigung der Abweichungen der grundlegenden technisch-ökonomischen Kennziffern von den Planziffern.

Planung 471 814821 4 – Leitungsfunktion, die in die Beschlussfassung über die Hauptrichtungen der ökonomischen Entwicklung der Firma, des Betriebs, auf der Grundlage der Erarbeitung quantitativer und qualitativer Kennziffern, ebenso in die Festlegung der Methoden ihrer Erfüllung einbezogen werden.

Planungsflexibilität 319781894216 – Korrektur der innerbetrieblichen Pläne unter Berücksichtigung der inneren und der äußeren Produktionsbedingungen; ermöglicht es, die Richtungen der Planungen zu überprüfen und die Kontinuität der Produktion zu sichern.

Planungshorizont 518516319719 819 – Zeitabschnitt der Gültigkeit des Plans (Quartals-, Jahres-, Fünfjahresplan usw.)

Polypol 514 712319 714 – Marktsituation, bei der die Anzahl großer Warenproduzenten begrenzt ist.

Positionierung der Ware 618 714217 – Gesamtheit der Maßnahmen zur Erreichung einer wettbewerbsfähigen Lage der neuen Ware auf dem Markt und zur Schaffung von Bedingungen für ihren Verkauf.

Preis 519491 498 614 718712 – in Geld ausgedrückter Wert der Ware; ökonomische Kategorie, die es ermöglicht, indirekt die für die Produktion der Ware aufgewendete Arbeitszeit zu messen.

Preis des Käufers 691 718219 71 – Obergrenze des Preises, den der Verbraucher der Ware (der Dienstleistung) zahlen kann.

Preis des neuen Produkts 219 684 888 717 – obere Grenze des Preises für ein neues Erzeugnis oder bedingt - maximaler Preis des neuen Erzeugnisses, bei dem die Produktion und der Verbrauch sowohl für den Hersteller wie auch für den Verbraucher gleich nützlich sind.

Preis des Verkäufers 319 684219 81 – Preisgrenze, unter der der Erzeuger nicht den Minimalgewinn erzielen kann.

Preis für intellektuelle Produkte 8 491 798 6 491 – Preis, der auf der Grundlage des Gleichgewichts der ökonomischen Interessen des Warenproduzenten und des Verbrauchers, die alle, die Nachfrage und Angebot bedingenden technischen Daten, alle ökonomischen Charakteristika berücksichtigen, festgelegt wird.

Preisbildung 548 621598 317 – Prozess der Preisbildung für Waren und Dienstleistungen.

Preisdotation 614217519498 – System zusätzlicher Zuschläge zum Preis, das als Bremsmechanismus des Tempos der Umwandlung von Billigwaren in Mangelwaren erscheint.

Preisführerschaft 496 712814 718 – Lage des Warenproduzenten, der die Preispolitik auf dem Markt reguliert.

Preiskontrolle 498 471213 485 – Gesamtheit der staatlichen Maßnahmen zur Regulierung der Groß- und Einzelhandelspreise durch die Festlegung von Grenzkoeffizienten ihres Wachstums. Die Summe, die die Obergrenze der Preise überschreitet, wird in den Staatshaushalt eingezogen.

Preislimit 548714821491 – maximal zulässige Abweichung (Steigen oder Fallen) im Zeitraum einer Börsensitzung.

Preisnachlass 319 818916 713 – Preissenkung im Ergebnis der Veränderung der Marktsituation oder der Bedingungen der Handelsvereinbarung, zum Beispiel, Preisnachlass für Saisonware.

Preisregulierung 59831489947 – staatliches Verfahren, um das Steigen der Preise für defizitäre Gebrauchs- und Massenbedarfsgüter als Ergebnis des Austauschs der staatlichen Preise durch freie aufzuhalten.

Preissenkung 574 648319 717 – Senkung des ursprünglich festgelegten Preises einer Ware.

Preisuntergrenze 819498219 614 – untere Grenze des Preises, bei der dem Warenproduzenten die laufenden Ausgaben der Produktion erstattet werden und ein ausgehend vom Standard der Rentabilität berechneter Gewinn gesichert wird.

Preiswettbewerb 519 618319 714 – Wettbewerb zwischen den Warenproduzenten, begründet auf Preissenkung für gleichartige Waren.

Privateigentum 519 618317 481 – Recht juristischer und natürlicher Personen über den eigenen mobilen und immobilen Besitz zu verfügen.

Privatisierung 69851671848 – Art der Dezentralisierung der Produktion, die durch die Übergabe oder den Verkauf des Eigentums aus dem staatlichen Eigentum in das private Eigentum.

Produkte mit hoher Wertschöpfung 619 728518 641 – wieder geschaffener Wert, der den Differenz zwischen dem Wert der Warenproduktion (in Großhandelspreisen des Betriebs) und den materiellen Ausgaben (Arbeitslohn, Gewinn, Abschreibung) darstellt.

Produktion 51421914 – Gesamtheit der im Zusammenhang stehenden technologischen Operationen, in deren Verlauf mit Hilfe der Arbeitsgeräte und der Arbeitskraft Rohstoff- und Materialressourcen verarbeitet und zum Endprodukt umgewandelt werden.

Produktionsbeziehungen 497 694319 81 – zwischen juristischen Personen im Prozess der Produktion, der Verteilung und des Verbrauchs aller Produkte der materiellen Produktion (Lieferung der Produktionsmittel, Erbringung von Dienstleistungen u. dgl.) hergestellte Produktionsbeziehungen.

Produktionsfaktoren 519 471218 614 – Grundelemente des Produktionsstadiums der Schaffung materieller Güter und Dienstleistungen (Produktionsmittel, menschliche Ressourcen u. dgl.).

Produktionsfläche 914818 – Teil der Gesamtfläche des Betriebs, auf dem die Gesamtheit der technologischen Operationen zur Herstellung des Endprodukts und zum Erweisen von Dienstleistungen durchgeführt wird.

Produktionskapazität des Betriebs 514812518491 – maximal mögliches Produktionsvolumen in einem bestimmten Zeitabschnitt (gewöhnlich in einem Jahr, einem Monat) bei voller Nutzung der Produktionsgrundausrüstung und der Flächen des Betriebs.

Produktionskosten 598471319498 – Gesamtheit der Ausgaben, die unmittelbar mit der Herstellung der Produktion und der Dienstleistungserstellung zusammenhängen, ausgedrückt in Geldform.

Produktionslogistik 619712319418 – Bewegung ökonomisch begründeter Materialströme im Herstellungsprozess des Endprodukts unter den Bedingungen der rechtzeitigen und vollständigen Lieferung von Rohstoff, Material, Halbfertigprodukten, Teilen mit Industriezweig übergreifender und den Gesamtmaschinenbau betreffender Bedeutung an jeden Arbeitsplatz der gesamten Kette des technologischen Prozesses.

Produktionsmittel 694 718519 642 – Gesamtheit der Arbeitsmittel und Arbeitsgegenstände, die im Prozess der materiellen Produktion genutzt werden (Maschinen, Ausrüstung, Rohstoff, Material u. dgl.).

Produktionspersonal 61851731947 – Teil der arbeitsfähigen Bevölkerung, der zum Personalbestand des Industriebetriebs gehört und die Erfüllung aller Funktionen, die mit dem Produktionsprozess verbunden sind, angefangen bei der Planung der Produktionsvorräte an Sachwerten, der Teilnahme an den technologischen Grund- und Hilfsoperationen des Herstellungsprozesses der Produkte, der Dienstleistungen und der Leitung der wirtschaftlichen Tätigkeit bis hin zum Verkauf der fertigen Produktion sichert.

Produktionsplan 728 641 49848 – Abschnitt des Businessplans, der in den Betrieben erarbeitet wird, die zur Sphäre der materiellen Produktion gehören.

Produktionsreserve 49131851864 – Vorrat an Sachwerten, Geldmitteln, der für die Sicherung eines störungsfreien Produktionsprozesses, für

die Vergrößerung des Produktionsvolumens, für die Steigerung der Effektivität geschaffen wird.

Produktionsrhythmus 61971231948 – gleichmäßiger Produktionsausstoß in Zeitintervallen (Stunde, Schicht, Tag, Dekade u. dgl.) im Ergebnis der Durchführung organisatorischer Arbeiten im Betrieb.

Produktionsverlust 61489514 – Verluste, die im Ergebnis von Abweichungen in der Produktionsorganisation entstehen, die zu einer nichtrationellen Nutzung der Produktionsmittel führen, zum Beispiel überplanmäßiger Standzeiten der Ausrüstung, Erhöhung des Materialaufwands zur Herstellung einer Produktionseinheit u. dgl.

Produktionsvorräte 178 478364714 – materielle Werte (Rohstoff, Materialien, käufliche Zulieferteile, Halbfabrikate, Treibstoff) und andere Elemente des Umlauffonds, die sich im Lager des Betriebs befinden, aber noch nicht in die technologische Bearbeitung einbezogen sind.

Produktionszyklus 2196148197 – Etappe des Lebenszyklus der Ware, der die Zeit vom Beginn des Herstellungsprozesses des Erzeugnisses bis zu seiner Fertigstellung bezeichnet.

Produktives Anlagevermögen 914 917219 716 – Arbeitsmittel, die vielfach am Produktionsprozess teilnehmen, dabei qualitativ unterschiedliche Funktionen erfüllen.

Produktives Kapital 59871489851 – Gesamtheit des produktiven Anlagevermögens (Anlagevermögen) und der Umlaufmittel (Betriebskapital).

Produktivität der Ausrüstung 49871489811 – Kennziffer, die die Bearbeitungszeit eines Komplexes von Einzelteilen mit vergleichbaren Modellen der austauschbaren Ausrüstung charakterisiert.

Produktivität des Kapitals 31861731849 – Anteil des Zuwachses des Nationaleinkommens, der auf eine Geldeinheit der in der Sphäre der Produktion materieller Güter durchgeführten Investitionen entfällt.

Produktkosten 694 731918 849 – laufende Aufwendungen des Betriebs für die Herstellung und den Verkauf der Produktion, ausgedrückt in Geldform.

Programm der Steigerung der Produktivität 48971231749 – Gesamtheit der organisatorisch-technischen Maßnahmen, die ökonomisch begründet sind durch Ressourcen, durch Teilnehmer und Erfüllungstermine, wodurch ein geplantes Wachstum der Produktivität im Betrieb gesichert wird.

Progressivbesteuerung 59864131971 – Besteuerung, die eine Erhöhung der Steuersätze nach dem Maß des Anwachsens des Gesamteinkommens des Steuerzahlers vorsieht.

Proportionalsteuer 61931851971 – Besteuerung, die einen einheitlichen Steuersatz vorsieht, unabhängig von der Größe des Gesamteinkommens.

Protektionismus 519619498714 – Politik des Staates, die auf die Einschränkung der Importe gerichtet ist durch Einführung höherer Tarife zur Unterstützung der Wettbewerbsfähigkeit inländischer Waren.

Protokoll 984 316 519880168 – ein Dokument, von einer Kommission aus mehreren Personen aufgestellt, das festgestellte Fakten oder Ereignisse bestätigt.

Prozentsatz des Risikos 81971854961 – Möglichkeit des Auftretens von Verlust beim Investor wegen der Änderung des Zinssatzes auf dem Markt.

Prüfungsdienst 514318519417 – natürliche oder juristische Personen, die die Erlaubnis der staatlichen Organe zur Ausübung der Kontrollfunktionen über die finanzwirtschaftliche Tätigkeit der Organisation besitzen.

Punkt der negativen Rendite 498 431485 471 – ökonomische Situation im Betrieb, bei der der Erlös aus dem Verkauf der Produkte geringer ist als die laufenden Ausgaben der Produktion.

Q

Qualifikation 619314894217 – Niveau der Spezialausbildung des Betriebspersonals für die Ausführung einer bestimmten Art von Arbeit oder Dienstleistung.

Qualität der Produktion 578421316214 – technisch-ökonomische Kategorie, die die Gesamtheit der verschiedenen Eigenschaften der Produktion (des Erzeugnisses) ausweist, die ihre (seine) Eignung für die Befriedigung der unterschiedlichen Bedürfnisse der Gesellschaft begründet.

Qualität der Ware nach Standard 718421619417 – Die Qualität der Ware (der Dienstleistung) entspricht den technischen Bedingungen oder Standards in Übereinstimmung mit den Forderungen der zweiseitigen Vereinbarung zwischen dem Hersteller und dem Verbraucher.

Qualität nach Beschreibung 598319498712 – beruht auf dem Vergleich der Ware mit der Beschreibung aller technisch-ökonomischen Eigenschaften, die im Vertrag ausgewiesen sind.

Qualität nach Muster 219518619427 – Einschätzung der Übereinstimmung der gelieferten Ware mit dem Muster, das nach den bestätigten technischen Herstellungsbedingungen genommen wurde.

Qualitätskontrolle 598 712894 716 – Einschätzung der Übereinstimmung der tatsächlichen Nutzungscharakteristika der Ware, die ihre Eignung für den Gebrauch bestimmen, mit den Charakteristika, die durch technische Bedingungen, Standards oder Forderungen des Kunden bestätigt sind.

Quote 51481431971941 – Anteil jedes Teilnehmers der monopolistischen Vereinigung am allgemeinen Volumen der Produktion und des Verkaufs der Ware.

R

Rabatt 714 824391 68 – Maß der möglichen Senkung des Grundpreises einer Ware im Ergebnis der Veränderung der Marktkonjunktur (sinkende Nachfrage, Großhandel u. dgl.) oder der Vertragsbedingungen.

Ratio inkrementelle Eigenkapitalsquote 519618 94 – Kennziffer, definiert als Verhältnis des Zuwachses des produktiven Anlagevermögens zum Zuwachs der der Produktion im Ergebnis der Vergrößerung der materialisierten Investition in einem bestimmten Zeitabschnitt (Monat, Quartal, Jahr).

Rationale Beschäftigung 5987248949 – quantitativer und qualitativer Personalbestand einer Organisation, der die bessere Nutzung der Arbeitsressourcen sichert.

Rationalisierung der Produktion 54874219821 – Gesamtheit der organisatorisch-technischen Maßnahmen, die die Verbesserung der Kennziffern der Tätigkeit des Betriebs sichern, zum Beispiel, Steigerung des Gewinns und der Rentabilität, Senkung des Arbeitsaufwands und der laufenden Betriebskosten, Steigerung des Produktionsvolumens und Verbesserung der Qualität der Produktion u. dgl.

Räumung 514318485497 – Gerichtsbeschluss über die Übergabe erworbenen Eigentums an den tatsächlichen Besitzer, weil der Verkäufer nicht das juristische Recht zu seinem Verkauf hatte.

Reale Investitionen 89851498647 – Anlage von Mitteln in der materiellen Produktion für die Erhöhung des Grundkapitals und des Zuwachses der Produktionsreserven.

Reale Summe 69431751947 – im Ergebnis der Inflation veränderte Zahlungsfähigkeit der Käufer.

Reallohn 614814219617 – quantitative Wertung der Möglichkeit des Erwerb (Kaufs) materieller Güter und Dienstleistungen für den Nominallohn.

Realwirtschaft 51731964851 – Herstellung einer wettbewerbsfähigen und hochtechnologischen Produktion, die es ermöglicht, die Interessen der Verbraucher auf dem Inlands- und dem Auslandsmarkt zu befriedigen.

Rechnungsabgrenzungsposten 3174895196 – Ausgaben, die in den entsprechenden Perioden für das künftige Jahr durchgeführt werden.

Rechnungshof 217214219317 – Regierungsorganisation, die die Kontrolle über die Bildung, Verteilung und Nutzung staatlicher Geldmittel ausübt.

Rechnungspreis 914 481219 61 – Preis, der im Dokument zur gelieferten Ware ausgewiesen ist.

Recht an geistigem Eigentum 491317 – verbrieftes Recht einer juristischen oder natürlichen Person einzeln über die Resultate geistiger Arbeit zu verfügen (Urheberrecht, Patent u. dgl.).

Recht des operativen Managements 5714988 – Recht des Besitzes, der Nutzung und der Verfügung an Eigentum, dem staatlichen Betrieb und Organisationen gewährt entsprechend der geltenden Gesetzgebung der Russischen Föderation.

Rechtsfähigkeit 4817190 478 – rechtliche Möglichkeiten juristischer und natürlicher Personen, Eigentumsrechte und persönliche Rechte und Verpflichtungen zu schaffen und zu schützen.

Reduzierte Aufwendungen 614819319718 – Kennziffer der Wertung der Effektivität der Investitionen, die es ermöglicht, die wirtschaftlichste Variante auszuwählen, das heißt, die Variante, die die minimale Größe der reduzierten Aufwendungen sichert.

Reengineering 49131856471 – Tätigkeit der Vervollkommnung und Umgestaltung der bestehenden technischen und technologischen Lösungen in den Produktionsobjekten.

Regionalmarkt 61871421847 – Markt einer konkreten Ware (Dienstleistung), der in einem bestimmten Gebiet (einer bestimmten Region) stattfindet.

Regressive Steuer 69871231947 – Steuern, deren Satz sich mit dem Anwachsen des Gesamteinkommens verringert.

Regulierende Geräte und Einrichtungen 548697498 – Bestandteil des produktiven Anlagevermögens.

Regulierung der Marktwirtschaft 549516938714 – Maßnahmen der Einwirkung auf die Wirtschaft seitens des Staates durch die Steuerpolitik, das System von Subventionen und Vergünstigungen, Änderung des Zinssatzes für den Kredit, Steigerung des Interesses an Staatsaufträgen.

Rehabilitation 648 894988 71 – System staatlicher Maßnahmen und Bankmaßnahmen zur Verhinderung des Bankrotts großer Industriebetriebe oder zur Verbesserung ihrer finanziellen Lage unter den Bedingungen einer Wirtschaftskrise (Umwertung des Eigentums, Vergabe von Darlehen, Subventionen u. dgl.).

Reine Vertriebskosten 518 718319 217 – Ausgaben die mit dem Warenhandel verbunden sind.

Reiner Monopolmarkt 51948921964 – Art des Wettbewerbs, bei der der Verkauf der Waren auf dem Markt von einem einzigen Produzenten organisiert wird, dabei fehlen die Konkurrenten, und es gibt verschiedene Vergünstigungen und Privilegien seitens des Staates.

Reiner Wettbewerb 519618319417 – Marktsituation mit einer großen Anzahl Warenproduzenten und Verbrauchern, die sich in gleichen wirtschaftlichen Verhältnissen befinden.

Reines Monopol 318614219718 – Marktsituation, bei der die Ware durch einen einzigen Warenproduzenten bei Abwesenheit der Konkurrenten und ohne die verschieden Vergünstigungen und Privilegien seitens des Staates angeboten wird.

Reingewinn 516318319717 – Gewinn, der nach der Zahlung der Steuern in der Verfügung des Betriebs bleibt. Erscheint als Differenz zwischen dem Bruttogewinn und den Zahlungen an den Haushalt.

Reinvestition 896514312817 – Nutzung der Einnahme aus Investitionsoperationen für die Bevorschussung neuer Investitionen.

Reklamation 58421871847 – offizielle Erklärung, die eine Beanstandung wegen der nicht befriedigenden Erfüllung der Forderungen des Käufers (des Kunden) hinsichtlich der erworbenen Ware (der Erfüllung der Dienstleistung) enthält:

Reklame 518617319478 – Maßnahmen zur weiten Verbreitung der Information über Waren und Dienstleistungen der Firma mit Angabe der technisch-ökonomischen Charakteristika und der Vorzüge gegenüber Analoga und Ersatzstoffen.

Rekonstruktion des Betriebs 64851721981 – Investitionsrichtung, die die Durchführung eines Komplexes von Bau- und Montagemaßnahmen für den grundlegenden Umbau des Betriebs auf der Grundlage der Erweiterung und Verbesserung der Planung der Produktionsflächen und ihre Neuausrüstung mit einer neuen Produktionsausrüstung und moderner Technologie vorsieht.

Remission 49131949871 – offizielle Erlaubnis zur Befreiung von der Bezahlung der Schuld, der Steuer oder der Vertragsstrafe (Strafe).

Rendite 719 648219 71 – Zeitraum, in dem die Ausgaben durch Einnahmen ersetzt werden, die aus der Tätigkeit des Betriebs erhalten werden.

Renovierung 21947131967 – Verfahren des Austauschs physisch verschlissener und moralisch veralteter Ausrüstung in gleichartige oder vollkommenere.

Rentabilität 498712318491 – Rentabilität, Wirtschaftlichkeit des Betriebs; Kennziffer der wirtschaftlichen Effektivität der Produktion, ausgewiesen durch die Ergebnisse der Tätigkeit.

Rentabilitätskennzahlen 498 614891 471 – Koeffizienten, die durch das Verhältnis des Gewinns zu den Selbstkosten definiert werden und bei der Diagnose des finanziellen Zustandes des Empfänger-Betriebs genutzt werden.

Rentabilitätskurve 614812519471 – Kurve, die graphisch die Bedingung illustriert, bei der die laufenden Aufwendungen der Produktion gleich sind dem Erlös vom Verkauf der hergestellten Produktion.

Rente 219471 – durch das Gesetz festgelegte Form der finanziellen Versorgung der Bürger, die das Rentenalter erreicht haben

Rente 54931481971 – Einnahme, die der Besitzer für die Nutzung des Kapitals, des verpachteten Eigentums u. dgl. erhält ohne seine Teilnahme an der unternehmerischen Tätigkeit.

Rente von der Nutzung der natürlichen Ressourcen 428516317418 – effektivere Form der Besteuerung.

Rentier 48131781984 – natürliche Person, die von den erhaltenen Zinsen von dem als Darlehen gegebenen Geldkapital, oder von den Einahmen aus Wertpapieren lebt.

Reorganisation 84951751849 – System von Maßnahmen zum Umbau, zur Umbildung des Betriebs, der Firma.

Reparatur des produktiven Anlagevermögens 61421721854 – organisatorisch-technische Maßnahmen zur Sicherung der Arbeitsfähigkeit der Ausrüstung, der Maschinen durch Austausch oder Reparatur der ausgefallenen Teile und Baugruppen, ebenso durch die Durchführung der laufenden und der Generalreparatur der Gebäude, der baulichen Anlagen u. dgl.

Reproduktion 514128719 914 – ununterbrochene Verwirklichung des

Prozesses der Produktion materieller Güter, die nach der natürlich-materiellen Zusammensetzung die im Laufe eines Jahres hergestellten Produktionsmittel und Bedarfsgegenstände widerspiegeln. Man unterscheidet die einfache und die erweiterte Reproduktion.

Requisition 89451821964 – Übergabe oder befristete Beschlagnahme des Eigentums einer natürlichen oder juristischen Person auf Anweisung der staatlichen Organe.

Reserveausrüstung 517218516214 – Teil der installierten Ausrüstung, die sich in der planmäßigen Reparatur oder Reserve befindet.

Reservefonds 519317419814 – Fonds, der für die laufenden Auszahlungen des Betriebs für den Fall geschaffen wird, wenn der Reingewinn nicht den vollen Geldumlauf bei einer Erhöhung des produktiven Anlagevermögens und der Erhöhung der Umlaufmittel sichert.

Restwert 648514518711 – Teil des Wertes des produktiven Anlagevermögens, das sich im Ergebnis der vorzeitigen Einstellung der Nutzung dieser Fonds und ihrer Abschreibung aus der Bilanz des Betriebs nicht auf das Endprodukt überträgt.

Reversion 47931851478 – Eigentum, das dem ursprünglichen Besitzer zurückgegeben wird.

Revision 69831459878 – Überprüfung der finanzwirtschaftlichen Tätigkeit juristischer Personen mit dem Ziel der objektiven Einschätzung der Erfüllung der durch die Gesetzgebung festgelegten Funktionen.

Rezipient 71971848947 – juristische oder natürliche Person, die Zahlungen, Einkünfte erhält; unter einem Rezipienten versteht man auch ein Land, das ausländische Investoren anwirbt.

Risiko 549121 498 – Wahrscheinlichkeit des Entstehens von Verlusten im Ergebnis nicht vorhergesehener ungünstiger Umstände.

Risiko -Betriebe 318514218617 – kleine Betriebe des forschungsintensiven Bereichs, die auf die Herstellung von Produkten der intellektuellen Arbeit spezialisiert sind, d.h., auf die Erarbeitung und Einführung von Neuerungen.

Risiko- und Unsicherheitsfaktoren 714 893219 618 – Faktoren, die in den Berechnungen der Effektivität der Investitionen die bei verschiedenen Bedingungen der Realisierung des Projekts berücksichtigt werden. Es werden folgende Methoden angewandt.

Risiko-Operationen 31861728971 – Finanzoperationen, die mit einem bestimmten Risiko durchgeführt werden.

Risikoanalyse 819498519614 – Untersuchung der möglichen Ursachen für die Entstehung materieller oder finanzieller Verluste als Folgen einer nicht vorhergesehenen Änderung der ökonomischen Situation.

Risikofaktor 564841 – Berechnungsgröße der angenommenen Verluste beim Übergang zur Produktion neuer Produkte, die zum Gewinn aus ihrem Verkauf gehört.

Risikokapital 51481291948 – Bevorschussung geldlicher Mittel in wissenschaftliche Forschung und experimentelle Entwicklung, deren Rendite problematisch sein kann, das heißt, nicht immer kann das genügend Gewinn bringen.

Risikominimierung 61421851961 – Gesamtheit der organisatorisch-technischen und ökonomischen Leitungsmaßnahmen, die auf die Senkung des Risikos im Prozess der finanzwirtschaftlichen und Produktionstätigkeit gerichtet sind.

Risikosteuerung 719 649818 716 – Verzeichnis der organisatorisch-technischen Maßnahmen, die für die Verringerung des Risikos bei der Durchführung von Operationen ausgearbeitet wurden.

Rohstoff und Material 798548 498617 – Artikel der Selbstkosten, in dem der Wert des Grundmaterials und des Rohstoffs angegeben ist, die Bestandteil des Erzeugnisses sind, ebenso der Wert des Hilfsmaterials, das im Prozess der Herstellung des Erzeugnisses verwendet wird.

Rückgang des Produktionsvolumens 694 218549 714 – Stadium des Lebenszyklus des Erzeugnisses, wenn die technisch-ökonomischen Charakteristika der Ware nicht vollständig den Forderungen des Verbrauchers entsprechen, was eine allmähliche Verringerung des Produktionsvolumens dieses Erzeugnisses bis hin zu seinem Austausch durch ein neues oder modernisiertes hervorruft.

S

Sachaufwendungen 81947148851 – Gesamtheit der Artikel oder Elemente der Aufwendungen, die bei der Bildung der Selbstkosten einer Produktionseinheit oder des Voranschlags der Produktionsaufwendungen wirksam wird.

Sachbearbeitung 516489498517 – Operationen, die mit der Bearbeitung von Geschäftspapieren (Dokumenten) verbunden sind und durch den Verwaltungs- und Leitungsapparat des Betriebs verwirklicht werden.

Sachschäden 518319314317 – natürliche oder geldliche Verluste und Schäden, die im Ergebnis der Verstöße in der Organisation der Produktion, der Nichterfüllung der Vertragsbedingungen, der Nichtentsprechung der Qualität der Lieferungen den technischen Bedingungen oder Standards, entstehen.

Sachwerte 518 671219 49 – Bestandteil der Umlaufmittel, der eine störungsfreie produktionswirtschaftliche Tätigkeit des Betriebs sichert und den Wert der Produktionsreserven, der Reste nicht vollendeter Produktion und fertiger Produkte einschließt.

Saisonarbeit 98948121971 – periodisch ausgeführte Arbeit, die von den natürlichen klimatischen Bedingungen vorherbestimmt ist.

Saldo 519 714819 718 – Differenz zwischen Geldeingang (Debet) und Ausgaben (Kredit) des Betriebs, der Firma, für einen bestimmten Zeitraum (Monat, Quartal, Jahr).

Sanierung 498 69419871 – Verhinderung einer Unselbständigkeit durch Schulden (Bankrott) mit Hilfe der Ausgabe von Wertpapieren.

Sanktionen 498517219491 – Zahlungen, die von einer der Parteien für die Verletzung der Verpflichtungen, die in der Vereinbarung festgehalten sind, als Schadenersatz geleistet werden.

Sanktionen 514319 618 – Maßnahmen ökonomischen Charakters, die die moralische oder materielle Bestrafung natürlicher und juristischer Personen für die Verletzung der Bedingungen des Vertrags, der Vereinbarung, vorsehen.

Sättigung der Nachfrage 89731949861 – Marktsituation, bei der für viele Waren und Dienstleistungen die Preise stark fallen, und für einzelne Waren sinkt die Nachfrage.

Sättigung des Marktes 498517319641 – Situation auf dem Markt, wenn kein Wachstum des Verkaufs von Waren stattfindet.

Say - Gesetz (nach Jean-Baptiste Say) 48148131947 – Gesetz, nach dem bei Erscheinen einer neuen Ware oder einer Dienstleistungsart auf dem Markt eine Nachfrage nach ihr entstehen muss, d.h., Nachfrage und Angebot gleichen sich immer aus.

Schatteneinkommen 314819319618 – Einkommen einer juristischen oder natürlichen Person aus der Teilnahme an der ökonomischen Schattentätigkeit.

Schattenwirtschaft 51621831949 – Teil der Wirtschaft des Landes, in dem die gesellschaftliche Kontrolle der Produktion, der Verteilung, des Tauschs und des Verbrauchs der materiellen Güter fehlt.

Schätzung der Abteilungsausgaben 514 917219 814 – Voranschlag, der folgende Ausgaben enthält: Unterhalt des Leitungsapparats der Abteilung und des übrigen Personals; Amortisation der Gebäude und Anlagen und des Inventars; Ausgaben für die Durchführung von Tests, Versuchen, Untersuchungen, Arbeitsschutz; Verschleiß des billigen und schnell verschleißenden Inventars.

Schätzung der Ausgaben für den Erhalt und die Nutzung der Ausrüstung 219 317498 648 – Voranschlag, der folgende Ausgaben enthält: Amortisation der Ausrüstung und der Transportmittel; Nutzung und laufende Reparatur der Ausrüstung und der Transportmittel; innerbetrieblicher Gütertransport; Verschleiß billiger und schnell verschleißender Werkzeuge und Vorrichtungen u. dgl.

Schätzung der Ausgaben für die Vorbereitung und Inbetriebnahme der Produktion 548 671319 894 – Voranschlag, der für die neu eingeführte Produktion oder Technologie für jede Unterabteilung des Betriebs aufgestellt wird und danach zu einem einheitlichen Voranschlag mit Erklärung der Ausgaben nach Kalkulationsartikeln und Ausgabeelementen, zusammengefasst wird.

Schätzung der Baukosten 519 648518 742 – Ausgaben, die erforderlich sind für die Verwirklichung des Baus und der Inbetriebnahme des produktiven Anlagevermögens entsprechend dem bestätigten Projekt.

Schätzung der Einnahmen und der Ausgaben 498 718519 647 – Dokument, das die Summe der kommenden Einnahmen und Ausgaben ausweist.

Schätzung der Gesamtbetriebsausgaben 548 648319 712 – Voranschlag, der die Ausgaben für die Leitung des Betriebs (Lohnzahlung für den Leitungsapparat, Dienstreisen und Reisen, Unterhalt des Brandschutzes und des Betriebsschutzes; allgemeinwirtschaftliche Ausgaben u. dgl.)

einbezieht.

Schätzung von nicht produktiven Ausgaben 894 716219 418 – Zusammenstellung der Ausgaben für Verpackung und Verpacken, Transport des Endprodukts, Provisionsabgabe für die Absatzorganisationen u. a.

Schonung der Ressourcen 598148514217 48 – Intensivierung der Produktion durch die Durchführung organisatorisch-technischer Maßnahmen: Einführung der Errungenschaften des wissenschaftlich-technischen Fortschritts, rationale Nutzung der Material- und Arbeitsreserven.

Schuldverschreibung 314812219417 – schriftliche Verpflichtung einer juristischen oder natürlichen Person, die die rechtzeitige Rückzahlung des vom Kreditor erhaltenen Darlehens bestätigt. Das Darlehen kann zinslos oder mit Berechnung von Zinsen für den Kredit sein.

Schwellenwert der Inflation 341 617519 81 – Grenzwert der Inflation.

Sekundäre Nachfrage 317 694 318 817 – Nachfrage nach einer Ware, die im direkten Zusammenhang mit der Nachfrage nach einer anderen Ware steht.

Selbstfinanzierung 619 818319 71 – finanzwirtschaftliche Tätigkeit, bei der alle laufenden Ausgaben für die einfache und die erweiterte Reproduktion durch eigene Quellen erstattet werden müssen.

Separatismus 941 319841 21 – regionale Wirtschaftspolitik, die die Schaffung eines vom Zentrum unabhängigen Marktes vorsieht.

Sequester 319842 197 – staatliche Beschränkung oder staatliches Verbot zur Nutzung des Eigentums.

Serienproduktion 649 124 489 71 – Produktion einer bestimmten Gruppe konstruktiv ähnlicher Erzeugnisse in kleinen Partien (Serien) und mit festgelegtem Zeitabstand einer wiederholten Produktion.

Service nach dem Verkauf 498 217219 81 – kostenlose Dienstleistungen, die dem Verbraucher nach der Bezahlung der Ware in der Garantiezeit angeboten werden.

Sicherheitsbestände 564 712819 49 – Vorräte, die für den Fall des nicht rechtzeitigen Eintreffens der laufenden Vorräte gebildet werden, das heißt, wenn der tatsächliche zeitliche Abstand zwischen zwei Lieferungen größer ist als der geplante Abstand.

Sinekure 316 284919 61 – im übertragenen Sinne eine gut bezahlte Stelle bei minimalem Arbeitsaufwand.

Solidarität 49851749854 – persönliche Verantwortung für die Erfüllung der gestellten Aufgaben bei der Lösung sozialer und arbeitsrechtlicher Probleme.

Sonstige Betriebskosten 318471216814 – Ausgaben, die auf der Grundlage spezieller Berechnungen bestimmt werden und in der Regel in die Selbstkosten der entsprechenden Erzeugnisse einbezogen werden.

Sortiment 49131851847 – Gleichnamige Produktion, gruppiert nach bestimmten Kennzeichen: Qualität, Marke, Größe, Aussehen usw.

Sozialbereich 498 479 819 617 – Bereiche der Volkswirtschaft, die nicht an der materiellen Produktion beteiligt sind, die aber die Organisation des Service, des Austauschs, der Verteilung und des Verbrauchs der Ware sowie die Gestaltung des Lebensniveaus der Bevölkerung, ihres Wohlstands sichern.

Sozialpartnerschaft 518 649319 712 – Schutz der Interessen in sozialen und arbeitsrechtlichen Beziehungen.

Sparsamkeitsregime 518497219614 – Gesamtheit der organisatorisch-technischen Maßnahmen, die auf die Steigerung der Effektivität der Produktion durch rationelle Nutzung der Arbeits- und Materialreserven, die Vermeidung überplanmäßiger Stillstandszeiten der Ausrüstung gerichtet sind.

Spediteur 648751319 48 – juristische Person, die den Transport der

Sachwerte mit eigenen Transportmitteln im Interesse des Auftragsgebers auf der Grundlage gültiger Tarife, der Sicherung der Zuverlässigkeit der Lieferung der kompletten Bestellung, Rechtzeitigkeit der Lieferung usw. durchführt.

Speditionsmittelsmann 498 491319 81 – juristische Person, die auf der Grundlage abgeschlossener Verträge die Lieferung der Sachwerte (der Waren) vom Erzeuger zum Verbraucher (Handelsorganisation) durchführt.

Spezialisierung auf Teilprodukte 698 714 218 718 – selbständige Produktion von Einzelteilen, Baugruppen, die weiter zur Komplettierung des Endprodukts genutzt werden. Zum Beispiel, die Lagerindustrie.

Spezialisierung der Produktion 614 712819 716 – auf Arbeitsteilung begründete Organisationsform der Produktion.

Spezifikation 317 498479 641 – Dokument, in dem die Liste der Einzelteile und Baugruppen des Erzeugnisses, das konstruiert wird, mit Angabe seines Gewichts, des verwendeten Materials und der Anzahl auf eine Einheit des Endprodukts aufgeführt ist.

Spezifische Fondsintensität 619314219498 – ökonomische Kennziffer, die für die Bestimmung des zusätzlichen Bedarfs der grundlegenden Produktionsanlagen verwendet wird.

Spezifische Fondsintensität einer Einheit des Erzeugnisses oder einer Dienstleistung 514 718517 485 – Kennziffer, die den Wert des produktiven Anlagevermögens ausdrückt, der auf eine Einheit des Erzeugnisses oder der Dienstleistung entfällt.

Spezifische Investitionen 491 711498481 – Größe der einmaligen Ausgaben, die auf eine Einheit des Jahreszuwachses des Produktionsvolumens kommt oder auf eine Einheit des Erzeugnisses oder der Dienstleistung.

Spezifische laufende Ausgaben 698491317 485 – laufende Ausgaben der Produktion, die auf eine Einheit des erzeugten Produkts kommen.

116

Spezifisches Gewicht des Aktivteils des produktiven Anlagevermögens 549 647498 61 – Anteil des Wertes des produktiven Anlagevermögens, der auf den aktiven Teil entfällt, der der führende ist und als Basis bei der Bewertung des technischen Niveaus und der Produktionskapazität dient.

Staatlich festgelegter Preis 519498 714 – von den staatlichen Organen festgelegter Preis.

Staatliche Arbeitsagentur 518728398641 – staatliche Organisation, deren Ziel es ist, der arbeitsfähigen Bevölkerung Möglichkeiten anzubieten, teilzunehmen an einer Tätigkeit, die auf die Schaffung materieller Werte mit Hilfe der Werkzeuge und Arbeitsmittel gerichtet ist, oder auch in der nicht produktionsbezogenen Sphäre zu arbeiten.

Staatliche Preisregulierung 51851491812 – unmittelbare Teilnahme des Staates an der Festlegung der Einzelhandelspreise.

Staatliche wissenschaftlich-technische Politik 318516319712 – Bestandteil der sozial-ökonomischen Politik, der die Interessen des Staates an der wissenschaftlich-technischen Tätigkeit ausdrückt.

Staatlicher Betrieb 791849319611 – Produktionseinheit in staatlicher Verantwortung.

Staatlicher Endverbraucherpreis 584 698319 81 – Endpreis, zu dem Verbrauchsgüter und einige Arbeitsgeräte und Arbeitsgegenstände durch das Handelsnetz verkauft werden.

Staatlicher Sektor 589712694318 – Bestandteil der nationalen Wirtschaft, der die staatlichen Geschäfte angibt, die in Übereinstimmung mit der gültigen Gesetzgebung über die Besteuerung die Einnahmen des Staates sichern.

Staatsanleihe 564812318497 – Art der Kredit- und Finanzoperationen, die auf die zeitweilige Auffüllung des staatlichen Budgets durch einen

Kredit gerichtet sind.

Staatsauftrag 648417918217 – Form der Zusammenarbeit zwischen dem Staat und einem Betrieb. Der Staat tritt als Auftraggeber auf und garantiert dem Betrieb die Zahlung für die Herstellung des Erzeugnisses.

Staatshaushalt 598618517544 – ausgeglichenes Verzeichnis der Einnahmen und Ausgaben, ausgearbeitet, bestätigt und reguliert durch die gesetzgebenden und die vollziehenden Machtorgane.

Staatsschulden 584891619471 – Gesamtsumme der Staatsverschuldung einschließlich der nicht getilgten Summe der Anleihe und darauf nicht gezahlter Zinsen.

Stabile Verbindlichkeiten 497 618319 737 – Teil der Umlaufmittel, die nicht dem Betrieb gehören, sich aber in seiner Verfügung befinden.

Stagflation 497 248598 641 – Zustand der Wirtschaft, der die Stagnation und den ansteigenden inflationären Prozess einschließt.

Stagnation 498 648319 217 – ökonomische Situation im Land, die die Aussetzung des Wachstums oder der Verringerung des Produktionsvolumens bei Kürzung der Zahl der Arbeiter (Ansteigen der Arbeitslosigkeit) zeigt.

Stammkapital 564217894274 – Gesamtheit des Wertes der durch Statut oder Vertrag bei der Gründung des gemeinsamen Betriebes (Aktiengesellschaft) festgelegten Mittel.

Standard 48951721981 – technisch-ökonomische Kennziffer, die den Grenzwert des Parameters, das Niveau der Nutzung der Ressource ausweist.

Standard 749 319498 218 – Normativ-technisches Dokument, das die Normen und Anforderungen an die Qualität und die Maßhaltigkeit der Arbeitsgegenstände und Erzeugnisse. Wird als Etalon der Gegenüberstellung genutzt.

Standard der fertigen Produktion 39861429871 – Zeit für die Aus-

wahl, die Verpackung, die Ansammlung der Produktion bis zur Transit-
norm, Lieferung u. dgl.; im Wertausdruck – Bedarf an Umlaufmitteln für
die Lagerung von Vorräten der fertigen Produktion.

Standardisierung 648 217319 641 – Einführung einheitlicher staatlicher Normen und Forderungen, die für die Warenproduzenten verpflich-
tend sind und ermöglichen, das Sortiment der hergestellten Erzeugnisse mit
Richtung auf die weitere Spezialisierung der Produktion zu kürzen.

Standortverteilung der Produktion 81972489471 – territorial-ökono-
mische Aufteilung der materiellen Produktion unter Berücksichtigung des
Vorhandenseins von Rohstoffquellen und arbeitsfähiger Bevölkerung der
Region.

Statut 498318485481 – Satzung, Ordnung über die Rechte und Pflichten einer natürlichen oder juristischen Person.

Statutenfonds des Betriebs 649 748219 817 – Quelle der Formierung
der grundlegenden Produktionsanlagen und der Umlaufmittel des Betriebs
auf Kosten der Budgetzuweisungen, der Geldmittel der Gründer und Teilnehmer, der Geschäftsanteile.

Steigerung der Arbeitsproduktivität 54848131941 – ökonomische
Kennziffer, die auf der Grundlage der Verringerung der Anzahl der Arbeiter
oder der Arbeitenden bestimmt wird.

Steuereinnahmen 516481319471 – Ergebnisse der Tätigkeit der Staats-
monopole, die über das Monopolrecht auf Produktion und Handel mit bestimmten Waren (Wein, Spirituosen, Tabakwaren) verfügen.

Steuererklärung 689317519481 – offizielle dokumentarische Erklärung des Steuerzahlers (einer natürlichen oder juristischen Person) über das
in einem bestimmten Zeitabschnitt (Jahr) erhaltene Gesamteinkommen und
über die für ihn zutreffenden durch die Gesetzgebung festgelegten Steuer-
nachlässe und Vergünstigungen.

Steuern 271318371478 – Pflichtabgaben, die durch die zentralen oder örtlichen Organe der Staatsmacht von natürlichen und juristischen Personen erhoben werden und in den Staatshaushalt oder den örtlichen Haushalt kommen.

Steuerpflichtiger Gewinn 31851431961 – Brutto- oder Bilanzgewinn, verringert um die Größe des vergünstigten Gewinns.

Steuerpflichtiges Einkommen 319618318417 – Bruttoeinkommen des Betriebs, der Firma, der Einrichtung und anderer Steuerzahler abzüglich der Summe des entsprechend dem gültigen Gesetz über Vergünstigungen und Ermäßigungen von der Steuerzahlung befreiten Einkommens.

Steuerregulierung 58971231947 – Maßnahmen der indirekten Einwirkung des Staates auf die Wirtschaft, die wirtschaftlichen und sozialen Prozesse durch die Änderung der Steuerpolitik (Verschärfung der Steuersätze, Einführung zusätzlicher Vergünstigungen) zur Stimulierung der Effektivität der Produktion.

Steuersanktionen 514217 – Gesamtheit der Methoden und Mittel der Einwirkung auf natürliche und juristische Personen, die die bestehende Steuergesetzgebung verletzt haben.

Steuerung der Industrieproduktion 519 617218 419 – Ausarbeitung und Nutzung eines Steuerungsmechanismus für die Sicherung des Prozesses des normalen Funktionierens der Produktion und des Verkaufs des Endprodukts (der Erweisung von Dienstleistungen) unter Berücksichtigung der rationalen Nutzung der materiellen, menschlichen und finanziellen Ressourcen, der Gegenüberstellung der Ergebnisse der wirtschaftlichen Tätigkeit des Betriebs zu den Ausgaben.

Steuervergünstigung 64851731941 – vollständige oder teilweise Befreiung von der Steuerzahlung für natürliche oder juristische Personen.

Stimulierendes Marketing 498614219517 – Marktbedingungen, wenn die Nachfrage nach bestimmten Waren und Dienstleistungen fehlt, das heißt, das Angebot findet keine Realisierung.

Strategie der Einführung 548 748919 216 – Prozess der Gewinnung von Käufern und Erringung eines bestimmten Marktanteils auf Kosten der Verwendung niedrigerer Preise im Vergleich zu gleichartigen Waren, die von den Konkurrenten angeboten werden.

Strategie des Produzenten 614 897319 648 – Bestandteil der Warenpolitik, die auf die Warenproduktion mit minimalem Aufwand im Ergebnis der Verwendung billigerer materieller und menschlicher Ressourcen, die Verbesserung des Images des Betriebs und der Ware, die Erhöhung der Wettbewerbsfähigkeit der Produktion und der Produkte gerichtet ist.

Strategische Leitung 519 642719 518 – Prozess der Ausarbeitung langfristiger Ziele und Aufgaben, die mit der Formierung des perspektivischen Produktionsprogramms verbunden sind (Auftragsbuch, Versorgung mit finanziellen, materiellen und menschlichen Ressourcen), Herstellung und Erhaltung von Wechselbeziehungen zu den Lieferanten der Materialressourcen und den Verbrauchern des Endprodukts (der Dienstleistungen), zu den Rohstoffmärkten und den Arbeitsämtern.

Strategische Personalleitung 719 642519 684 – Leitung der Bildung des Arbeitskräftepotentials der Organisation, das den Anforderungen der Marktwirtschaft entspricht und das entsprechende Niveau der Wettbewerbsfähigkeit der Arbeiter des Betriebs und des Produktionsprozesses (Auffüllung mit Arbeitskräften der entsprechenden Qualifikation) unter Berücksichtigung der ständigen Veränderungen in der Wirtschaft und der gesetzlichen Regelung sichert, Herstellung von Beziehungen und Wechselwirkung mit Organisationen, die materielle Ressourcen liefern und den Verkauf der Endproduktion und der Dienstleistungen ermöglichen und auch Veränderungen der Umwelt.

Strategische Planung 318 614514 41 – Richtung der Planung der wirtschaftlichen Tätigkeit des Betriebs unter Berücksichtigung der Veränderungen der externen und internen Umwelt, der realen Einschätzung der Möglichkeiten, seinen Platz auf den entsprechenden Märkten einzunehmen, Sicherung des geplanten Niveaus der Effektivität der Produktion.

Strategisches Marketing 498 671481 216 – Bedingung der Rechtzeitigkeit der Versorgung des entsprechenden Marktes mit jenen oder anderen Waren in dem gegebenen Umfang der Lieferung.

Strategisches Niveau der Marketingleitung 694 217319 848 – quantitative Einschätzung der potentiellen Käufer, mit deren Hilfe die Ziele und Aufgaben des Betriebs für die Befriedigung des Bedarfs der potentiellen Käufer formiert werden, der Bedarf an materiellen und Arbeitsreserven für die Verwirklichung der Planmaßnahmen gesichert wird, strategische Empfehlungen, die auf die Sicherung einer günstigeren kommerziellen Tätigkeit gerichtet sind, erarbeitet werden.

Strom des Produktionsvolumens 216 491 – maximales Volumen der Produktion, das durch die vorhandenen Produktionsmittel und die Arbeitskraft gesichert werden kann.

Strom von realem Geld 619 71421841 – Differenz zwischen Zufluss und Abfluss der Geldmittel von der Investitions- und operativen Tätigkeit in jedem Zeitabschnitt der Verwirklichung der Investition.

Struktur der Industrie 318 492819 714 – Klassifikation der wirtschaftlichen Tätigkeit der Industriebetriebe nach Industriezweigen oder Industriezweigkomplexen.

Struktur der laufenden Ausgaben nach der Art der Ausgaben 498 317316 21 – Anteil der Ausgaben, die sich in Abhängigkeit vom Produktionsvolumen (variable Kosten) verändern, das heißt, Anteil des Rohstoffs, des Grundmaterials (einschließlich Zulieferteile), Energie für technologische Zwecke, Lohn der Produktionsarbeiter.

Struktur der Selbstkosten 819 671219 78 – Anteil der laufenden Ausgaben für jeden kalkulierten Artikel in den Selbstkosten einer Einheit der Produktion, oder Anteil jedes Elements der laufenden Ausgaben an der Gesamtsumme der laufenden Produktionsausgaben.

Struktur des Eigentums 104 198 498471 – Struktur, die den Anteil jedes Elements angibt, das in das Verzeichnis des Eigentums einbezogen ist, das heißt, den Anteil der grundlegenden Produktionsmittel und der nicht im Umlauf befindlichen Aktiva, der mobilen Mittel, Reserven und Ausgaben, Forderungen, Geldmittel und Wertpapiere.

Struktur des Marktes 714 864914 712 – die wichtigsten Charakterzüge des Marktes: Anzahl der auf dem Markt vertretenen Warenproduzenten und Volumen ihrer Verkäufe; Anteil der Firmen mit analogem oder austauschbarem Fabrikationsprogramm; quantitative Einschätzung der auf einen konkreten Markt kommenden oder von ihm gehenden Warenproduzenten.

Struktur des produktiven Anlagevermögens 814 641319 71 – Anteil des Wertes jeder Klassifikationsgruppe mit ihrem Gesamtwert.

Strukturelle Veränderungen 64851331849 – Veränderung des Anteils der einen oder der anderen Nomenklaturposition der Produktion im Ergebnis der Vergrößerung des Volumens der hochrentablen Produktion, Einstellung der Produktion oder Kürzung des Produktionsvolumens veralteter und nicht wettbewerbsfähiger Produkte.

Stundung 697518918514 – Form der Bezahlung der Ware (der Dienstleistung) als Ratenzahlung.

Syndikat 319 894218 71 – Vereinigung von Betrieben, die gleichartige Produkte herstellen, die für die gemeinsame kommerzielle Tätigkeit mit dem Ziel der Verringerung der Anspannung im Konkurrenzkampf und der Erzielung höherer Einnahmen (Gewinn) bei Erhaltung der vollen Selbständigkeit geschaffen wurde.

T

Taktische Planung 497 674898 491 – Ausarbeitung von Plänen zur Verteilung der Ressourcen des Betriebs im Prozess der Realisierung strategischer Ziele.

Tarife 549718 649 714 – System offiziell festgelegter Sätze, nach denen die Betriebe verschiedene Produktions- und Verbraucherdienste bezahlen, zum Beispiel, Lohntarife, Transporttarife.

Tarifizierung der Arbeit 748 671219 817 – Festlegung von Tarifen für Dienstleistungen und Arbeitslöhne.

Tarifnetz 497 678498 741 – Verzeichnis der Sätze der Bezahlung der Arbeit.

Tatsächliche Arbeitszeit einer Einheit der Ausrüstung 501 648719491 – Zeit, die notwendig ist für die Produktion eines bestimmten Produktvolumens.

Technisch-ökonomische Grundlage 5980750171 419 – Bestätigung der Zweckmäßigkeit der Realisierung des vorgelegten Bauprojekts, der technischen Erneuerung, der Rekonstruktion des Betriebs u. dgl.

Technisch-ökonomische Kennziffern 519 617218 419 – System der Planungs- oder Erfassungskennziffern, die die Produktionsvolumina in der natürlichen und in der Wertform ausdrücken, Nutzung der materiellen und menschlichen Ressourcen, der Produktionsmittel, zum Beispiel, Wert der Brutto- oder Warenproduktion, die Fondsabgabe, die Arbeitsleistung, die Umlaufdauer.

Technische Erneuerung 518 617219 718 – System der organisatorisch-technischen Maßnahmen, das die Einführung der Errungenschaften des wissenschaftlich-technischen Fortschritts vorsieht, die auf die Vervollkommnung des Parks der technologischen Grundausrüstung, der gegenwärtigen Technologie, den Austausch physisch verschlissener und moralisch veralteter Ausrüstung, die Beseitigung von „Engpässen" im Produktionsprozess gerichtet sind.

Technologie 614 812498 798 – Gesamtheit der Durchführung der aufeinander folgenden Operationen im Prozess der Herstellung der Ware (der Erweisung der Dienstleistung).

Technologie der Herstellung der Produkte 718 649316 217 – Prozess der Durchführung der technologischen Operationen zur Bearbeitung der materiellen Ressourcen und ihrer Umwandlung in Einzelteile mit anschließender Montage in das Erzeugnis.

Technologische (vorbereitende) Vorräte 564 947948 41 – Vorräte, die in den Fällen geschaffen werden, wenn die eintreffenden materiellen Werte nicht den Forderungen des technologischen Prozesses entsprechen und bis zu ihrer Verwendung in der Produktion eine entsprechende Bearbeitung durchlaufen (Trocknung, Entfernung der Korrosion usw.).

Technologische Abfälle 549 617219 814 – nicht verwertbare und unvermeidbare Abfälle. Im Stadium der technologischen Vorbereitung der Produktion wird im Ergebnis der technischen Vorbereitung des Materials zum betrieblichen Verbrauch die Minimierung dieser Abfälle gesichert.

Technologische Ausstattung 514 812498 714 – unterschiedliche Gruppen von Vorrichtungen, die durch Dutzende Bezeichnungen charakterisiert sind, das heißt, Vorrichtungen, die für das Anbringen und die Befestigung von Rohlingen in der in Bezug auf die Arbeitsorgane der Maschine und der Schneidinstrumente erforderlichen Position bestimmt sind.

Technologische Produktionsvorbereitung 518 617219 498 – Organisationsprinzip der Verteilung der Aufgaben (der Arbeiten) für die vorbereitende Ausarbeitung typischer und perspektivischer technologischer Prozesse, die die Reihenfolge der technologischen Operationen bei der Herstellung der geplanten Produkte aufzeigen.

Technologische Spezialisierung 319 684218 712 – Schaffung einzelner selbständiger Betriebe zur Ausführung der einzelnen Stadien oder Operationen des technologischen Prozesses der Herstellung der Produkte.

Tempo der Preissenkung 51841 – Kennziffer, die zur Berechnung des Koeffizienten der Preiselastizität benutzt wird, der als Verhältnis des alten Preises zum neuen Preis bestimmt wird.

Test-Marketing 59871431841 – Begründung der ökonomischen Zweckmäßigkeit der Erschließung neuer Marktsegmente auf der Grundlage einer durchschnittlichen Bewertung des Erlöses aus kurzfristigen Verkäufen einer eingeführten Ware.

Theorie der Zahlungsfähigkeit 619 71481851 – Theorie der Besteuerung, die eine Erhöhung des Steuersatzes entsprechend dem Wachstum des Einkommens des Steuerzahlers vorsieht.

Theorie des Angebots 485 648498 71 – Bestandteil der ökonomischen Markttheorie; untersucht die Gründe und Bedingungen, die auf die Bildung des Angebots auf dem Markt der Waren und Dienstleistungen einwirken.

Tilgungsfonds 319714219816 – Fonds, geschaffen zur Tilgung der geldlichen Verbindlichkeiten, zur Erneuerung der grundlegenden Produktionsanlagen, zur Herausgabe von Aktien, die als Pfand beim Erhalt eines Kredits dienen, u. dgl.

Tochterunternehmen 548168498184 – juristisch selbständiger Aktienbetrieb, dessen Aktienpaket einem anderen Aktienbetrieb gehört.

Transportlogistik 648 712895 718 – eine der Funktionen der Logistik, auf der die Durchführung der Lieferung der materiellen Sachwerte zum Verbraucher liegt.

Transportvorräte 56471981961 – werden analog wie die Sicherheitsbestände abgerechnet.

Trust 949 612518 489 – Vereinigung einiger gleichartiger Betriebe, bei der ihre Teilnehmer ihre kommerzielle, betriebliche und juristische Selbständigkeit vollständig verlieren.

U

Überhang der Nachfrage 498 712719489 – Marktsituation, die ein Warendefizit als Folge einer gegenüber dem Angebot überhöhten Nachfrage ausweist.

Überhang der Produktionskapazität 519 617319418 – Überhang der potentiellen Möglichkeit der Herstellung der Produktion gegenüber dem tatsächlichen Ausstoß.

Überlanger Zeitraum 619 543819 71 – hypothetischer Zeitraum in der Theorie vom Angebot, das die Möglichkeit der Veränderung (Vervollkommnung) der laufenden technologischen Prozesse der Produktion auf der Grundlage der Einführung der Errungenschaften des wissenschaftlich-technischen Fortschritts annimmt.

Überleitung des Erzeugnisses in die Produktion 891564319712 – Etappe im Lebenszyklus eines Erzeugnisses, die die Herstellung einer kleineren Anzahl des Erzeugnisses zur Bewertung der Reaktion des Käufers auf die Gebrauchseigenschaften der Ware.

Überproduktion 51961231961 – ökonomische Situation, in der der Umfang der hergestellten Ware (Angebot) oder der Dienstleistungen den realen Bedarf (Nachfrage) überschreitet und die Ware kann nur zu einem gesenkten Preis, sogar zu einem Verlustpreis verkauft werden.

Überproduktionskrise 485148169 71 – Situation, bei der die erzeugten

Waren keinen Absatz finden wegen Überhöhung des realen Bedarfs.

Überschuss für den Käufer 498514598317 – Differenz zwischen der tatsächlichen Bezahlung der Ware und der angenommenen Bezahlung.

Überschuss für den Produzenten 56849131891 – zusätzlicher Gewinn, erzielt durch Erhöhung der Preise.

Überschussreserve 619 712719 819 – über die Norm hinausgehender Vorrat an Sachwerten, der die Senkung der Effektivität der Umlaufmittel beeinflusst.

Überstunden 498714918217 – Arbeit, länger als die von der Gesetzgebung festgelegte Dauer der Arbeitszeit.

Übertragungseinrichtungen 891491 – Elemente des produktiven Anlagevermögens, mit deren Hilfe Energie verschiedener Arten, aber auch flüssige und gasförmige Stoffe (Erdölleitungen, Gasleitungen u. dgl.) übertragen werden.

Überwachung 21046101968 – ständige Untersuchung der wirtschaftlichen Tätigkeit des Betriebs, der Organisation und anderer ökonomischer Objekte.

Umfang der Nachfrage 479 716 819 41 – Menge der Ware, die auf dem Markt durch die Verbraucher erworben wurde.

Umfang der Verkäufe 497 814 – Menge der verkauften Ware.

Umfang des Angebots 808491 47 – Menge einer bestimmten Ware, die der Warenproduzent oder der Lieferant auf dem Markt zum Kauf anbietet.

Umlaufgeschwindigkeit des Betriebskapitals 548 819319 617 – Kennziffer der Nutzung des Betriebskapitals, die Zeit eines Umlaufs in Tagen ausdrückt.

Umlaufmittelrichtsatz 2185182194 – Minimalbetrag der Geldmittel, die der Betrieb (die Firma) für die Befriedigung des allgemeinen Bedarfs an Betriebskapital braucht.

Umlaufmittelrichtsatz in der unvollendeten Produktion 56482131981 – Wert der Produktion, die sich in verschieden Phasen des Produktionsprozesses befindet: von der Einführung in die Produktion bis zum Ausstoß des Endprodukts.

Umlaufvermögen 548319619718 – Fonds, der die Kontinuität des Produktionsprozesses und des Verkaufs der Produktion des Betriebs sichert.

Umlaufvermögen 698 714319 671 – Teil des Betriebskapitals, der in jedem Produktionszyklus vollständig verbraucht wird und dessen Wert auf die neu geschaffene Produktion übergeht.

Umsatz 481 614217 498 – Bewegung der Waren in der Phase der Zirkulation; wertmäßige Einschätzung der in einem bestimmten Zeitraum verkauften und gekauften Waren.

Umsatzverhältnis 619 718419 71 – Koeffizienten, die für die Diagnose des finanziellen Zustands des Empfänger-Betriebs genutzt werden.

Unelastische Nachfrage 564814319583 – Marktsituation, bei der der Erlös aus dem Verkauf der vergrößerten Warenmenge nicht die Verluste durch die Senkung ihres Preises deckt.

Unelastizität der Preise 489317918614 – Marktsituation, bei der der Preis beim Entstehen eines Defizits oder eines Überflusses der Ware unverändert bleibt.

Unkosten 51948148 – Bestandteil der Selbstkosten, der die zusätzlichen Kosten für die Organisation, die Leitung, die technische Vorbereitung der Produktion usw. ausweist.

Unternehmertum 71974131981 – selbständige Tätigkeit natürlicher oder juristischer Personen, gerichtet auf die Erzielung von Einkommen, von Maximalgewinn aus dem Verkauf der Waren, der Ausführung von Arbeiten, Erweisung von Dienstleistungen.

Untervermietung 194 471 – Weitergabe eines Teils des gemieteten Eigentums durch den Mieter an eine dritte Person. Das Recht der Untervermietung ist im Mietvertrag vorgesehen.

Unvollendete Produktion 594817319714 – teilweise fertige Produkte, die nicht alle technologischen Operationen, die durch die technischen Bedingungen der Schaffung des Endprodukts vorgesehen sind, durchlaufen haben.

Urheberrecht 519 418 712 – Recht einer juristischen oder physischen Person auf Publikation

V

Variable Kosten 489 712319 614 – laufende Aufwendungen der Produktion, die sich in direkter Abhängigkeit vom Volumen der Produktion befinden, z.B. Grundmaterialien, Lohn der Arbeiter in der Produktion u. dgl.

Variabler Zinssatz 719316319481 – Darlehenszins für fällige und langfristige Kredite, dessen Höhe variabel ist und periodisch durch Abstimmung zwischen Kreditgeber und Kreditnehmer in vereinbarten Zeitabständen oder auf Wunsch einer der Parteien überprüft wird.

Verbindliches Angebot 548 671571 498 41 – Angebot des Warenproduzenten (des Verkäufers) über den Verkauf einer bestimmten Partie von Produkten, das bis zum Erhalt einer Antwort seitens des Käufers gilt und nicht erlaubt, diese Ware anderen Käufern anzubieten.

Verbrauch 648517 – Nutzung der materiellen Güter oder der Dienstleistungen zur Befriedigung des persönlichen oder industriellen Interesses einer natürlichen oder juristischen Person.

Verbraucher 216498517 – natürliche oder juristische Person, die ihr Bedürfnis im Ergebnis des Kaufs von Sachwerten (Dienstleistungen) befriedigt.

Verbraucherkredit 548 671319 71 – Stundung der Bezahlung der Ware.

Verbrauchsartikel 47517489481 – Bestandteil des gesellschaftlichen Produkts, vorgesehen zur Befriedigung persönlicher und kollektiver Bedürfnisse.

Verbrauchsnorm von materiellen Ressourcen 61857141989 – maximal zulässige Norm des Verbrauchs an Rohstoff, Material, Kraftstoff, Energie für eine Produktionseinheit. Man unterscheidet Jahresnormen, operativ-technische, einheitliche, zusammengefasste Normen.

Verbrauchssteuern 518716319419819 – Form der indirekten Steuern, die ein Bestandteil des Abgabepreises ist und vollständig an den Haushalt abgeführt wird. Wird im Allgemeinen für Waren des täglichen Bedarfs festgelegt.

Verdeckte Arbeitslosigkeit 648 217214 81 – ökonomische Situation, bei der ein Teil der arbeitsfähigen Bevölkerung nur formal in der Liste der Arbeitenden geführt wird , aber weder direkt noch indirekt an der Schaffung materieller Güter beteiligt ist.

Vereinigung 518 316497 48 – organisatorisch-technische Maßnahmen zur Verringerung der übermäßig großen Vielfalt der erzeugten Produkte und der Produktionsmittel, einschließlich der Verringerung der Anzahl ihrer Typenmaße und Modifikationen durch die Überführung in die Einheitlichkeit der Form, Größen, Struktur.

Vergangene Arbeit 518549719612 – Arbeit, vergegenständlicht in den Produktionsmitteln (Maschinen, Ausrüstung, Rohstoff, Material usw.). Im Unterschied zur lebendigen Arbeit schafft sie keinen neuen Wert, sondern tritt als Voraussetzung der Wertschaffung auf.

Vergleichbare Preise 318 648219 717 – Preise, die in der Größe zu den Bedingungen einer bestimmten Periode, auf ein bestimmtes Datum zurückgeführt werden.

Vergleichbare Produkte 57484851418 – Gesamtheit des Fabrikations-programms, das in der Planperiode erzeugt wird, dessen massenhafte und serienweise Einführung zum vorhergehenden Jahr gehört.

Vergleichbarkeit der Effektivitätsvarianten der Investitionen 698 798719418 – Methode, die bei der Einführung der Errungenschaften des wissenschaftlich-technischen Fortschritts genutzt wird, wenn es einige Lösungsvarianten für die ökonomische Aufgabe gibt, deren jede sich nicht nur durch die einmaligen und laufenden Ausgaben, sondern auch durch die Produktionsvolumina unterscheidet.

Vergleichende Vorteile 516 319318 617 – Gesamtheit der Merkmale, die es ermöglichen, eine ökonomischere Variante der Maßnahme, der Ressource, der Geldmittel u. dgl. auszuwählen.

Vergleichende Wirtschaftlichkeit 514289598617 – Kennziffer, die bei der Auswahl der besten Variante der Lösung der ökonomischen Aufgabe genutzt wird.

Vergünstigter Gewinn 61971251949 – Teil des Bruttogewinns, der nach der geltenden Gesetzgebung teilweise oder vollständig nicht besteuert wird

Verhaltenskodex auf dem Markt 69831729851 – Fehlen einer Abmachung zwischen den Warenproduzenten, die auf dem Markt vertreten sind, und Fehlen von Methoden des Zwangs im Konkurrenzkampf. Zeichnet sich aus durch eine ständig wachsende Nachfrage nach einem breiten Warenangebot.

Verhältnis der gesamten Selbstkosten der verkauften Produktion zum Erlös 514 712618518 – Kennziffer, die die Veränderung der Rentabilität des Betriebs ausweist.

Verkäufermarkt 71948951964 – ökonomische Marktsituation, bei der die Preise im Ergebnis des Mangels an Waren steigen, das heißt, die Größe der Nachfrage zu normalen Preisen übersteigt die Größe des Angebots.

Verkaufserlös 614821319718 – Geldmittel, die auf dem Verrechnungskonto des Betriebs aus dem Verkauf der Produktion und aus Dienstleistungen eingegangen sind.

Verkaufte Produktion 54121381948 – Volumen der fertigen Produktion, verkauft und vom Käufer bezahlt.

Verlust 714 482519 648 – in der Wirtschaftspraxis des Betriebs oder anderer natürlicher oder juristischer Personen – Verlust von Sachwerten und Geldmitteln im Ergebnis des Ansteigens der Ausgaben über die Einnahmen, der tatsächlichen Ausgaben für die Produktion über die geplanten, der laufenden Kosten für die Produktion der Produkte über den Erlös aus ihrem Verkauf.

Verlustlosigkeit 714819319471 – Handelsumsatz, Verkaufserlös, der mit den Ausgaben für die Produktion identisch ist.

Vermieter 371491 – eine Seite der Miete, die dem Mieter gegen Gebühr Eigentum zur temporärem Nutzung zur Verfügung stellt.

Vermietung 498317818471 – kurzfristige Pachtung von Maschinen und Ausrüstung, ohne das Recht ihres nachfolgenden Erwerbs durch den Pächter.

Vermittler 619 71101 8 – natürliche oder juristische Person, die das Kauf-Verkauf-Geschäft zwischen dem Warenproduzenten und dem Käufer unterstützt.

Vermögenssteuer des Betriebs 49871271941 – besteuert werden die Grundmittel, die nichtmateriellen Aktiva, die Reserven und die Auslagen, die sich in der Bilanz des Steuerzahlers befinden.

Verschleiß 498312514 – Verlust des Gebrauchswerts der Ware im Ergebnis ihrer mechanischen Nutzung oder der Einwirkung natürlicher

133

Bedingungen.

Verschuldung des Käufers 316318819412 – nicht bezahlter Teil des Wertes der Ware, die auf Kredit verkauft wurde.

Versicherung 497 194849 641 – Bildung eines Versicherungsfonds auf Kosten der Beiträge der versicherten juristischen und natürlichen Personen für den Ersatz von Verlusten des Versicherungsnehmers.

Verstaatlichung 31981251914 – Beschluss des Staates über die Einziehung oder den Kauf privater Betriebe, Organisationen oder Eigentum mit anschließender Übergabe in das Eigentum des Staates.

Vertrag 498514 618 498 – juristischer zweiseitiger oder mehrseitiger Vertrag, in dem die Rechte und Pflichten jeder Partei fixiert sind.

Vertrag 519 716 718 498514 – Vereinbarung über den Ankauf und Verkauf zwischen dem Käufer und dem Verkäufer, über die Bedingungen des Leihens von Geld (Darlehen, Kredit usw.), über die Änderungen der Rechte und Pflichten der Parteien.

Vertragsbedingungen 794 718319 671 – juristisch abgestimmter zweiseitiger oder mehrseitiger Vertrag, in dem fixiert sind: die Bedingungen für den Kauf-Verkauf, die Charakteristika der Ware, der Preis, der Termin der Erfüllung der Verpflichtungen, ebenso die gegenseitigen Rechte und Pflichten der Parteien.

Vertragspreis 8 491 697 818 – Preis, der auf der Grundlage einer Vereinbarung zwischen dem Warenproduzenten (Verkäufer) und dem Verbraucher (Käufer) festgelegt wird.

Vertriebskanal 318481499417 – Arten der Lieferung der Ware in der festgelegten Zeit vom Warenproduzenten zum Verbraucher.

Vertriebskosten 519 798498 716 – Gesamtaufwand an Arbeit und Produktionsmitteln, einschließlich der Ausgaben für Transport, Lagerung usw., ausgedrückt in Geldform und im Prozess des Warenverkehrs übertragen auf die fertige Produktion.

Vertriebslogistik 619 217218 47 – Bestandteil des gesamten Logistiksystems, das die Funktionen der Marktforschung (Marketing) erfüllt, die durch juristische und natürliche Personen verwirklicht werden und die Bewegung der Ware vom Erzeuger zum Käufer mit Übergabe der juristischen Eigentumsrechte an der erworbenen Ware sichern.

Verwandte Produkte 51648931971 – Produktion, die unmittelbar mit dem Verbrauch der Grundproduktion verbunden ist und die Nachfrage beeinflusst.

Verzögerung 481314819371 – ökonomische Kennziffer, die das Zeitintervall zwischen zwei im wechselseitigen Zusammenhang stehenden ökonomischen Erscheinungen charakterisiert, zum Beispiel Anfang und Ende des Baus eines Objekts, die Bereitstellung der Investitionen für den Bau und Inbetriebnahme der Bauobjekte.

Vollständigkeit der Produktion 578491698917 – Quantitative Wertung des Ausstoßes an Einzelteilen und Baugruppen für Produktionszwecke, das Vielfache ihrer Anzahl in einer Einheit jedes Erzeugnisses und die Zahl der Erzeugnisse laut Plan mit Berechnung des Vorlaufs.

Vorgelagerte Produktionsstufe 61971281914 – Etappe des Lebenszyklus des Erzeugnisses, in der Forschungsarbeiten zur Schaffung einer neuen wettbewerbsfähigen Produktion durchgeführt werden, die Konstruktionsdokumentation ausgearbeitet und die Reihenfolge der technologischen Operationen, der Bedarf an Mitteln der technologischen Ausrüstung festgelegt wird.

Vorgetäuschter Bankrott 219 471 91 – nicht der Wahrheit entsprechende Information einer juristischen Person über die Ablehnung der Bezahlung ihrer Schuldverpflichtungen auf der Grundlage eines fiktiven Ruins.

Vorlauf 368214289716 – Produktion, die nicht alle technologischen Operationen durchlaufen hat.

Vorläufiges Gutachten des Investitionsprojekts 619 71481 – Begründung der Zweckmäßigkeit und Existenzfähigkeit des Projekts unter Berücksichtigung der Interessen des Kunden (des Kreditnehmers) und des Kreditgebers (des Investors), aber auch der Kompliziertheit des Projekts, des Risikogrades, des Investitionsvolumens und des Teils ihrer Bevorschussung für die Jahre der Ausarbeitung und Realisierung des Projekts.

Vorrat an Sachwerten 598 948714 971 – wichtigste Aufgabe der Planung, besonders unter den Bedingungen der Massen- und Großserienproduktion, die durch die Größe des Vorlaufs bestimmt wird.

Vorräte 478 491 718 498 – materielle Werte, Umlaufmittel (Rohstoff, Materialien, Ausrüstung und andere Produktionsmittel) die für die Sicherung eines ununterbrochenen Produktionsprozesse ausreichend sind.

Vorräte an Bodenschätzen 619 714819 917 – quantitative Wertung der Mineralformationen in der Erdrind (Vorräte an Kohle, Erdöl, Gas usw.), aufgestellt nach geologischen Erkundungen.

Vorschuss/Anzahlung 914719318 916 – Vorläufige Auszahlung eines Geldbetrags vom Lohnkonto oder eines Teils des vereinbarten Preises für die Erarbeitung eines Projekts, einer Bestellung usw.

Vorübergehende Stilllegung des Betriebs 519 618719 216 – vorübergehender Abbruch der Tätigkeit des Industriebetriebs mit dem Ziel der Verwirklichung technischer Maßnahmen, die auf den Schutz der Produktionsgrundfonds gegen vorzeitigen physischen Verschleiß gerichtet sind.

W

Wachstumsraten von festen Produktionsanlagen 518 614219714 –

Koeffizient, definiert als Verhältnis des Zuwachses des Wertes des produktiven Anlagevermögens zu ihrem Wert am Ende des Jahres.

Wachstumstempo des Produktionsvolumens 518 671 819 491 – Verhältnis des tatsächlichen Wertes des Erzeugten Produkts und der erwiesenen Dienstleistung zur Planungsgröße oder das Verhältnis des Gesamtwertes des folgenden Jahres zum vorhergehenden.

Währungspolitik 519318619712 – Gesamtheit der finanz-organisatorischen Maßnahmen und Methoden, die auf die Regulierung der wirtschaftlichen Entwicklung gerichtet sind, Eindämmung der Abwertung der Geldmittel und Sicherung des Gleichgewichts der Zahlungsbilanz.

Ware 489 643198 494 – ökonomische Kategorie, Produkt der Arbeit, hergestellt zur Befriedigung gesellschaftlicher Bedürfnisse durch Tausch oder Kauf-Verkauf.

Waren des täglichen Bedarfs 319 491298 714 – Konsumgüter, die der Käufer ständig in Abhängigkeit von den Bedürfnissen im Moment des Kaufs erwirbt.

Waren passiver Nachfrage 598 641219 718 – Waren, die auf dem Markt angeboten werden, aber nach denen keine Nachfrage bei den Käufern vorhanden ist, das heißt, sie gehören zu einem engen Marktsegment, zum Beispiel teure Waren und Modeartikel, Produkte aus Edelmetallen u. dgl.

Warenangebot 589 712498 714 – Gesamtheit der Waren und Dienstleistungen, die auf dem Markt angeboten werden. Die Übereinstimmung von Nachfrage und Angebot kennzeichnet den Markt als ausgeglichen.

Warendisponent 619712894317 – natürliche oder juristische Person, die das Recht besitzt, die Bewegung der Waren nach eigenem Ermessen oder mit Erlaubnis des Auftraggebers zu lenken.

Warenkonjunktur 319 688316 491 – Lage einer bestimmten Ware auf dem Markt, charakterisiert durch das Verhältnis von Nachfrage und Angebot dieser Ware und durch die Dynamik seiner Veränderung unter dem Einfluss verschiedener Faktoren.

Warenpolitik des Betriebs 698 471319 64 – Bestandteil des Perspektivplans zur Entwicklung der Produktion (Businessplan), schließt die vorläufige Auswahl des Fabrikationsprogramms und der Dienstleistungen ein, die dann in das Gesamtangebot der Produktion einbezogen werden sollen.

Warenposition 719 617219 818 – Stand der Wettbewerbsfähigkeit der Ware, der teilweise oder vollständig den Anforderungen der Verbraucher entspricht und eine bestimmte Stellung auf dem Warenmarkt einnimmt.

Warenproduzent 497 214318 471 – natürliche oder juristische Person, die die Produktion der Produkte organisiert.

Warensortiment 418 015078498 – Verzeichnis der Waren, die für den Verkauf vorbereitet sind.

Warenvorräte 514812319481 – für den Verkauf vorgesehene fertige Produktion und andere materielle Werte, die sich im Lager des Betriebs, in Absatz- und Handelsorganisationen befinden.

Warenvorräte 518671294 498 – fertige Produktion, die für den Verkauf vorbereitet wird und die sich in der Phase der Warenzirkulation befindet, das heißt, im Lager, auf dem Transport u. dgl.

Wartung und Reparatur der technologischen Ausrüstung 648 471819 472 – Gesamtheit der Maßnahmen zur Sicherung der Arbeitsfähigkeit der Ausrüstung.

Wechselbeziehung des Marktes 378491819161 – ökonomische Situation auf dem Markt, wenn das Anwachsen der Wettbewerbsfähigkeit des Erzeugnisses eines Warenproduzenten einen unmittelbaren Einfluss auf die Kürzung des Erlöses eines anderen Warenproduzenten ausübt, der eine analoge Ware verkauft.

Wert 218498 461 – in der Ware vergegenständlichte Arbeit; Preis der Ware oder der Dienstleistung.

Wertberichtigung 57849831961 – Senkung des Preises für die Produktion, die verkauft wird, im Ergebnis der Nichtübereinstimmung ihrer Gebrauchseigenschaften mit den Forderungen des Käufers; Abweichung von den technischen Bedingungen, die im Vertrag vorgesehen sind.

Wertgesetz 519498519641 – Gesetz, das bei der Bestimmung des Wertes einer Ware auf der Grundlage des gesellschaftlich notwendigen Arbeitsaufwands angewendet wird.

Wertpapiere 317518319417 – Dokumentarbescheinigungen, die ihrem Eigentümer Eigentumsrechte und das Recht auf den Erhalt von Einnahmen (Rendite) geben Zu den Wertpapieren gehören Aktien, Obligationen der Gesellschaften und Betriebe, aber auch Obligationen von Staatsanleihen; Wechsel u. a.

Wettbewerb auf den Absatzmärkten 719 612794 489 – Teil des Businessplans, in dem die Ergebnisse der Analyse der Produktionsbedingungen und des Verkaufs analoger Erzeugnisse bei den Hauptkonkurrenten nach dem Verzeichnis der Faktoren der Wettbewerbsfähigkeit systematisiert sind: Ware (Qualität, technisch-ökonomische Kennziffern u. dgl.), Preis (Verkauf, Kreditbedingungen u. dgl.), Vertriebskanäle, Sicherung des Wachstums des Verkaufsvolumens (Reklame, Teilnahme an Ausschreibungen, Messen u. dgl.).

Wettbewerbsfähigkeit 8906 14 489159 8417 – Gesamtheit der technisch-ökonomischen Charakteristika der Ware, die sich nach dem Grad der Befriedigung der Verbraucherinteressen des Käufers vorteilhaft unterscheidet von einem analogen Erzeugnis.

Wettbewerbsfähigkeit der Produktion 654319519718 – Einschätzung der technisch-ökonomischen Möglichkeiten der Produktion für die

Sicherung der Übereinstimmung der Interessen des Erzeugers und des Verbrauchers.

Wettbewerbsstrategie 698317594181 – Gesamtheit ökonomischer Maßnahmen, die auf die Sicherung des Anwachsens des Verkaufs der auf den Markt gelieferten Waren zu einem festgelegten Preis gerichtet sind.

Wirtschaftliche Berechnung 316819719718 – System der ständigen Berechnung der Gesamtheit der laufenden und der einmaligen Ausgaben, die mit der Produktion der Produkte und dem Erweisen von Dienstleistungen zusammenhängen.

Wirtschaftliche Effektivität der Investition 518317219491 – Kennziffer, die die Zweckmäßigkeit der Durchführung einmaliger Ausgaben ausweist, die auf den Vergleich des erzielten Effekts (Einsparung, Gewinn u. dgl.) mit der Investition, die dieses Resultat sichert, begründet ist.

Wirtschaftliche Effektivität der neuen Technik 518316498217 – Ergebnis der Einführung der Errungenschaften des wissenschaftlich-technischen Fortschritts, verglichen mit dem Kapitalaufwand für die Durchführung dieser Maßnahme.

Wirtschaftliche Effektivität des Investitionsprojekts 614212319491 – Wirksamkeit der Durchführung des Investitionsprojekts.

Wirtschaftlicher Effekt 598 671291 649 – Ergebnis der Einführung einer entsprechenden Maßnahme, die als Einsparung durch Senkung der Selbstkosten, als Gewinn durch Anwachsen des Gewinns oder des Nationaleinkommens u. dgl. ausgedrückt werden kann.

Wirtschaftsblockade 71851781914 – wirtschaftliche Isolation, durchgeführt mit dem Ziel der Eindämmung der Entwicklung der wirtschaftlichen Tätigkeit eines beliebigen Staates.

Wirtschaftspolitik 694318219718 – Gesamtheit der organisatorischen und Leitungsmaßnahmen der wirtschaftlichen Entwicklung, die für die Erfüllung der Ziele und Aufgaben auf verschiedenen Leitungsebenen, beginnend vom Betrieb (Erhöhung des Niveaus der Wettbewerbsfähigkeit der Produktion und der Ware) bis hin zur Regierungsebene (Steuer- und Investitionspolitik u. dgl.) ausgearbeitet und bestätigt werden.

Wirtschaftsregulatoren 498481919 47 – Gesamtheit der staatlichen Berechnungen für die Einwirkung auf die Wirtschaft (Steuern, Zinssätze u. dgl.).

Wirtschaftsstabilisierung 318 648219 614 – Wiederherstellung der Wirtschaft des Landes (Ökonomie) nach einer Krise; ein Zustand, der den Interessen aller Schichten der Gesellschaft entspricht.

Wirtschaftsvertrag 498 617319714 – Vereinbarung zwischen juristischen Personen (Betrieben, Firmen), in dem die Normen, Regeln und Verpflichtungen für die Herstellung und den Verkauf der Produktion, für die Erfüllung der Dienstleistungen aufgezeigt werden.

Wissenschaftlich-technische Produktion 69831971871 – Resultate der intellektuellen Arbeit, gerichtet auf die Erhöhung der Effektivität der Produktion.

Wissenschaftlich-technische Tätigkeit des Betriebs 618317519714 – Tätigkeit, die im allgemeinen zu den angewandten Forschungen gehören und im Leben der Ware oder des technologischen Prozesses jenes Stadium darstellen, wenn nach den Resultaten der Grundlagenforschung oder der eigenen Forschungen die Ideen eines neuen Erzeugnisses oder eines neuen technologischen Prozesses erarbeitet und zur Einführung vorbereitet werden.

Wissenschaftlich-technischer Fortschritt 564817319418 – zielgerichtete Nutzung der besten Errungenschaften der Wissenschaft und Technik in der Produktion mit dem Ziel der Erhöhung der Effektivität und der Qualität der Produktionsprozesse, einer vollständigeren Befriedigung der Bedürfnisse der Gesellschaft.

Wissenschaftlich-technisches Potential 56131957841 – Ergebnis der Realisierung der wissenschaftlich-technischen Errungenschaften im Bereich der materiellen Produktion und wissenschaftlich-technischen Organisationen.

Z

Zahlungsfähige Nachfrage 317 498219 641 – Veränderung der Nachfrage in Abhängigkeit vom Anwachsen oder Sinken des Einkommens der Verbraucher.

Zahlungsfähige Nachfrage 819 71249141 – Geldmittel der Käufer (der Verbraucher), die die Möglichkeit der Bezahlung ihres Bedarfs an materiellen Gütern und Dienstleistungen sichern.

Zahlungsfähigkeit 574 7814981 48 – Fähigkeit natürlicher oder juristischer Personen, in der festgelegten Frist ihre Zahlungsverpflichtungen vollständig zu erfüllen.

Zahlungsunfähigkeit 48972131971 – finanzielle Lage natürlicher oder juristischer Personen, die nicht in der Lage sind, rechtzeitig ihre finanziellen Verpflichtungen zur Bezahlung der Ware (der Dienstleistung) zu erfüllen oder die Schuld zu tilgen.

Zeitfaktor 128491 649718 – Faktor, der bei der Berechnung der Effektivität der Investitionen die unterschiedlichen Zeiten der Durchführung der Investitionen auf einen einzigen Zeitpunkt bringt.

Zeitvorgabe 61431281989 – Abrechnungssollzeit (in Stunden oder Minuten), die notwendig ist für die Ausführung einer bestimmten Arbeit (Operation) unter den gegebenen organisatorisch-technischen Bedingungen eines tätigen Betriebs (einer Firma).

Zentralisation des Kapitals 721 482819 617 – Vereinigung kleiner Warenproduzenten und Finanzorganisationen zu größeren Unternehmerverbänden und Finanzzentren.

Zertifikat 514 218719 61 – Zeugnis, das für eine bestimmte Zeit die Übereinstimmung des Erzeugnisses mit den technischen Bedingungen oder festgelegten Standards bescheinigt.

Zielgerichtetes Marketing 51631421949 – ökonomisch begründete Auswahl von Segmenten mit Angabe des Verzeichnisses der Waren für jedes dieser Segmente.

Zinseszins 498 728519 814 – Koeffizient, der für die Bestimmung der Summe der Kreditrückzahlung und für die Bestimmung der Berechnungsbasis der Zahlung für Investitionen benutzt wird.

Zinsgünstiger Kredit 618471219 714 – Kredit der zu günstigen Bedingungen gewährt wird, das heißt, zu einem niedrigeren Zinssatz und längerer Frist für die Tilgung des erhaltenen Darlehens.

Zinssatz 548317219479 – Satz für die Kreditnutzung.

Zinssatz 719 684219 817 – festgelegte Größe der Zahlung für den Kredit, für die Pacht von Eigentum, Arbeitslohn, Versicherungsbeitrag u. dgl.

Zollgebühren 61721451728 – Form der staatlichen Steuer, die eine Gebühr für Import-, Export- und Transitwaren vorsieht.

Zollschranke 649 749319 74 – Festlegung hoher Abgaben durch den Staat für Importwaren, die eingeführt werden, mit dem Ziel der Einschränkung ihrer Lieferung

Zone des freien Unternehmertums 914518564 912 – staatliches Gebiet, bereitgestellt zur Verwirklichung der gemeinsamen ökonomischen Tätigkeit mit Nutzung der gesetzlich festgelegten Vergünstigungen (Pacht-, Valuta-, Visa-, Steuer-, Zoll-, Arbeitsvergünstigungen), die günstige Bedingungen für die Beschaffung langfristiger ausländischer und inländischer Investitionen sichern.

Zunahme des Produktionsvolumens 819712498 478 – Stadium des Lebenszyklus der Ware, das gekennzeichnet ist durch die Steigerung der Produktion eines bestimmten Erzeugnisses (einer Ware) im Zusammenhang mit der Zunahme der Nachfrage.

Zusatzgewinn 519 618516 714 – charakteristisch für die Kapitalausfuhr und weist den Gewinnüberhang an vorgeschossenem Kapital im Vergleich zu seiner Abgabe innerhalb des Landes aus.

Zusätzliche Vertriebskosten 614 812719 418 – Ausgaben, die im Resultat der Fortsetzung des Produktionsprozesses (Transport, Lagerung u. dgl.)in der Sphäre des Umlaufs entstehen.

Zusatzlohn 689 718514371 – Zahlungen, die durch die Gesetzgebung und die Arbeitsvereinbarung vorgesehen sind, z.B. die Bezahlung des Regelurlaubs und des zusätzlichen Urlaubs.

Zuverlässigkeit des Erzeugnisses 298712314 – eine der Kennziffern der Qualität der Produktion, die die Zeit der störungsfreien Arbeit des Erzeugnisses unter den vorgegebenen Nutzungsbedingungen charakterisiert.

Zuwachs der Fondsintensität 319718219614 – Kennziffer, die bei der Einschätzung des Einflusses verschiedener Faktoren auf den Grad der Nutzung der grundlegenden Produktionsanlagen im untersuchten Zeitabschnitt angewendet wird.

Zweiseitiges Monopol 39867121878 – Marktsituation, dargestellt durch einen Verkäufer und einem Käufer.

Zweiseitiges Oligopol 89751421961 – Marktsituation, die eine hohe Konzentration von Verkäufern und Käufern ausweist.

Methoden des Business in der ewigen Entwicklung

1. Die Teilnehmer des Business in der ewigen Entwicklung können ein Ziel stellen, die Sicherung des ewigen Lebens, das sichert eine solche Verbindung der Ereignisse, die das Gelingen des Business unterstützen.

2. Zu den Zielen des Businessplans muss man die ewige Entwicklung in allen Bereichen der Verwirklichung des Ziels stellen. Besonderheiten einer solchen Businessplanung können viele Wechselbeziehungen in der Entwicklung des Business sein, die am besten nach Klassen und Richtungen systematisiert werden. Bei der Entstehung neuer Bereiche des Business kann man die Standardsysteme der ewigen Entwicklung der Steuerung des Business anwenden.

3. Gestaltet das moderne Business mit der Berücksichtigung der laufenden Ergebnisse in der Gesellschaft und der Entwicklung der Steuerung im Business, wendet dabei die in Richtung der ewigen Entwicklung korrelierenden Prognosen an.

4. Die Organisation des ewigen Prozesses der Businessplanung muss durchgeführt werden mit dem Vorhandensein von Daten über die Konkurrenten, Partner und die Absatzmärkte. Zielstrebig ist der Standardplan der Umformung der Konkurrenzbeziehungen in Partnerschaftsbeziehungen zu verwirklichen.

5. Im Wesen und in der Bedeutung der Businessplanung der ewigen Entwicklung muss man das Gesetz der Kontinuität in den Strömen materieller Güter und nichtmaterieller Aktiva erkennen, die das ewige Leben sichern.

6. Im Business der ewigen Entwicklung ist es wichtig, die Präsentation des Businessplans mit der Geschichte der Businessorganisation zu verbinden, in der klar der Beitrag der Organisation bei der Sicherung des ewigen

Lebens ausgewiesen wird.

7. Bei der ewigen Entwicklung ist es zweckmäßig, die Abschlussprüfung des Businessplans in der Form durchzuführen, um die ewige Entwicklung durch die, den Gesetzen der ewigen Entwicklung entsprechende Empfehlungen zu sichern, oder eine Norm aufzustellen, die zum ewigen Dokumentenumlauf gehört.

8. Es ist notwendig, die Rolle, die Praxis und die Möglichkeiten der Businessplanung in den Prozessen des Erreichens der internationalen Businessentwicklung zu vergrößern.

9. Wenn man das Business als System von Wechselbeziehungen ansieht, muss man solche Bereiche finden, die die folgende Realität der ewigen Entwicklung schaffen.

10. In den Funktionen der Businessplanung muss das Prinzip der ewigen Entwicklung realisiert werden, das in den Businessplänen ewig verbundene Strukturen herstellt.

11. Die Besonderheiten der Aufstellung von Businessplänen in den Strukturen der ewigen Entwicklung bestehen darin, dass das Prinzip der ewigen Entwicklung der Ereignisse in jeder Maßnahme berücksichtigt werden muss.

12. Das Prinzip der ewigen Entwicklung, das darin besteht, dass man im Laufe der Zeit von unterschiedlichen Dokumenten ähnliche Verwaltungsebenen erhält, muss im Business realisiert werden.

13. Bei der Realisierung der ewigen Entwicklung muss man aus dem Prinzip des ewigen Lebens für alle – Business-Technologien in allen Bereichen des Business erhalten.

14. Die Methoden der Prognostizierung des Gewinns und des Verlusts müssen untereinander verbunden sein, sowohl durch den direkten Erhalt von Informationen über die Ereignisse auf der Grundlage der Entwicklung

geistiger Fähigkeiten, als auch durch die Verallgemeinerung der Information von verschiedenen Zeitintervallen.

15. Bei der Entwicklung der Charakteristika des Business muss man die ewigen Verbindungen sowohl zwischen den inneren Systemen der Business-Technologie, wie auch zwischen den äußeren, die die prognostizierten Ereignisse in sich einschließen, einbeziehen.

16. Bei der Analyse der Businessumwelt der Organisation muss man den Koeffizienten des gegenseitigen Einflusses der Businesssysteme auf die Sicherung des Ziels der ewigen Entwicklung berücksichtigen.

17. In den Marketingplan muss man die Entwicklung der Eigenschaften der Ewigkeit, ausgehend von den Waren, einbeziehen.

18. In den Produktionsplan muss man die Maßnahmen einbeziehen, die den Teilnehmern der Businessprozesse das ewige Leben sichern.

19. Durch den Organisationsplan realisiert ihr das Businessprinzip der ewigen Entwicklung, das bestätigt, dass der größere Schnittpunkt der Ereignisse des ewigen Lebens die wirklich großen Folgen schafft, die das ewige Leben sichern.

20. Führt in den Finanzplan Mittel ein, die speziell für die Sicherung des ewigen Lebens vorbestimmt sind.

21. Nutzt bei der Bewertung des Risikos das Prinzip der natürlichen Verringerung des Risikos bei der Realisierung der ewigen Entwicklung.

22. Wendet die Methodiken der Businessorganisation an, die die geistige Steuerung der Realität mit der konkreten Praxis verbinden.

23. Geht bei der Aufstellung beliebiger Pläne im Business vom Prinzip der Ewigkeit des Menschen aus, der das Wissen der ewigen Entwicklung besitzt.

24. Nutzt für die Entwicklung Eures Business alle möglichen Errungenschaften der Wissenschaft, der Technik und der geistigen Technologien der

ewigen Entwicklung.

25. Zeigt in den Angaben des Businessplans die Logik der Entwicklung der Businessprozesse auf, die das ewige Leben sichern.

26. Verwirklicht das Prinzip der Verallgemeinerung der Businessgesetze der ewigen Entwicklung.

27. Informiert bei der Vorstellung der Angaben über das Business über die Möglichkeit ihrer Verwendung für die Entwicklung anderer Bereiche der Unternehmertätigkeit.

28. Bindet in die Meldungen über die Ware klar oder indirekt die Information ein, die es ermöglicht, diese Ware oder ihre Verbindung mit anderen Waren bei der Sicherung der ewigen Entwicklung zu nutzen.

29. Bei der Durchführung ökonomischer Untersuchungen für die Entwicklung des Business sucht für die mögliche Entwicklung in erster Linie jene Bereiche aus, die über die wichtigeren Merkmale der ewigen Entwicklung verfügen.

30. Haltet euch an das Prinzip der Strukturierung der Tätigkeitsbereiche auf dem Markt, wobei die Tätigkeit, die mit Technologien der ewigen Entwicklung angefüllt ist, die Sättigung aller anderen Bereiche des Marktes mit den Technologien der ewigen Entwicklung fördern muss.

31. Bemüht euch, die Information, die von den verschiedenen Systemen der Marktwirtschaft kommt, für die Objektivierung der Erfolge der ewigen Entwicklung durch die Businesstechnologien zu verallgemeinern.

32. Entwickelt eure Fähigkeiten und die Fähigkeiten anderer Menschen, die es ermöglichen, das ewige Leben mit beliebigen schöpferischen Methoden zu sichern.

33. Vereinigt die verschiedenen Märkte der Realisierung der Idee der ewigen Entwicklung.

34. Wertet die Business-Situation nicht nur ökonomisch, sondern auch nach

den Resultaten der geistigen Entwicklung, die allen das ewige Leben sichert. Entwickelt unter den Bedingungen des Business gleichzeitig intensiv die Bildungskurse und Technologien, die es ermöglichen, eine allgemeine und eine geistige Bildung zu erhalten, die den Hörern und allen anderen Menschen das ewige Leben sichern.

35. Nutzt die Erfahrung der Realisierung der ewigen Entwicklung, die durch andere Businessstrukturen übermittelt wird.

36. Schafft die Stabilität der Betriebe der ewigen Entwicklung auf dem Markt durch die vollständige Abrechnung aller Angaben über den Markt, einschließlich der Angaben von der Technologie der prognostizierten Steuerung.

37. Steuert rechtzeitig die Situation, die prognostiziert wird, orientiert euch auf das Ziel der Sicherung der ewigen Entwicklung.

38. Nutzt die realisierten Projekte, die die ewige Entwicklung in Form von schablonenhaften Systemen sichern.

39. Bezieht die bekannten Arten des Warenabsatzes ein und entwickelt neue, die die ewige Entwicklung sichern.

40. Realisiert immer und auf jeder Ebene der Businesstätigkeit die Sicherung des ewigen Lebens für euch und alle anderen.

41. Sichert die Vergrößerung der Technologien der ewigen Entwicklung mit der Zeit des Funktionierens eures Business.

42. Führt den Verkauf der Ware so durch, dass die verkaufte Ware den Verkauf der folgenden Ware begünstigt, die die ewige Entwicklung sichert.

43. Informiert über das Business, das die ewige Entwicklung sichert, ohne Einschränkung, weil die Sicherung der ewigen Lebenstätigkeit jedes Menschen immer gesetzmäßig ist, allen moralischen, sittlichen und gesellschaftlichen Prinzipien entspricht.

44. Realisiert systematisch die ewige Entwicklung durch die Businesstech-

nologien, erfüllt das Vorgemerkte entsprechend der angegebenen Zeit.

45. Detailliert die Business-Schemata bis zu dem Maß, dass man alle Elemente registrieren kann, die das ewige Leben effektiver sichern können.

46. Bestimmt die Angaben, die beweisen, dass euer Business den Prozess der Sicherung des ewigen Lebens für jeden Menschen fördert, bezieht auf dieser Grundlage auch dritte Personen in die Zusammenarbeit ein.

47. Vergrößert ständig entsprechend dem Gesetz der allgemeinen ewigen Entwicklung den Umfang des Verkaufs von Waren und der intellektuellen Produkte.

48. Macht Fortschritte in der Vergrößerung des Businesspotentials für die Realisierung der notwendigen Produkte, die das ewige Leben sichern.

49. Wendet die dynamischen, sich selbständig vervollständigenden Systeme, die es ermöglichen, das Business der ewigen Entwicklung zu realisieren, breit an.

50. Entwickelt die Glieder des Business so, dass das Prinzip des gegenseitigen Einflusses jedes Gliedes des Business und der äußeren Systeme der ewigen Entwicklung effektiver angewendet wird.

51. Legt immer die Priorität der garantierten Sicherung des ewigen Lebens der Teilnehmer des Business und gleichzeitig aller anderen in beliebigen Projekten fest.

52. Führt die Tätigkeit entsprechend dem Gesetz des unbedingten Zugangs der Technologien des ewigen Lebens zu jedem Menschen durch.

53. Wendet regelmäßig die Methoden der geistig prognostizierten Steuerung neben den ökonomischen Methoden zum Erhalt optimaler Angaben an, die die ewige Entwicklung sichern.

54. Nutzt die Verbindung der verschiedenen Bereiche und Objekte der Businessprozesse bei der Vergrößerung der Ressourcen, die die ewige Entwicklung sichern.

55. Erhaltet die notwendige Menge der Finanzmittel, die ermöglichen, die ewige Entwicklung zu sichern.

Arten der Businessleitung

In den Technologien der ewigen Entwicklung muss man oft in jenen Bereichen tätig sein und arbeiten, die früher unbekannt waren. Deshalb ist das Kleinunternehmen für die Technologie der ewigen Entwicklung eines der Mittel das Ziel zu erreichen, darunter die Übergangsstufe in das mittlere und das Big Business: 419 819 719 81. Und wenn man berücksichtigt, dass der Mensch, der sich ewig entwickelt, immer jede beliebige Struktur annehmen kann, dann kann das Kleinunternehmen für ihn das Mittel zur Erreichung jedes lokalen Ziels sein. Zum Beispiel, wenn es um das Business in dritten Ländern geht, in fernen Ländern, wo, zum Beispiel, der Mensch vorher nicht gewesen ist und er sich einen beliebigen Businessbereich für die Verbreitung der Technologien der ewigen Entwicklung aufbauen will: 719 419 811.

Die Struktur des Kleinunternehmens kann im Vergleich mit anderen Tätigkeiten in Hinsicht auf die Selbständigkeit große Vorteile haben, was ein wichtiger, oft auch der Hauptfaktor in den Technologien der ewigen Entwicklung ist: 819 419 714. Dabei muss man danach streben, den Menschen möglichst schnell bei der Aneignung der Technologien der ewigen Entwicklung durch euer persönliches Business zu helfen: 914 819 87. Ebenso ist die Schaffung einer unabhängigen Finanzierungsquelle der Technologie der ewigen Entwicklung notwendig: 518 491 617.

Bei Beschäftigungen mit dem Business ist zielstrebig die Selbstorganisation zu entwickeln. Um ein organisierter Mensch zu sein, kann man die Zahlenreihe 419875 für die Beschäftigung mit den Technologien der ewigen Entwicklung nutzen. Dabei soll diese Reihe in eurer Wahrnehmung so sein, als ob sie in einer Entfernung von euch in einem sich formierenden

152

Ereignis wäre, das heißt, eine Reihe, unter der sich alle Ereignisse befinden, mit denen Ihr euch beschäftigt, zum Beispiel die Ereignisse des laufenden Tages, aber auch perspektivische, nahe oder strategische Ereignisse. So ermöglicht Euch das Verhältnis zu der Zahlenreihe euch zu organisieren und ein organisierter Mensch zu sein, ohne irgendwelche unnötigen Tätigkeiten zu unternehmen.

Im Plan der Tätigkeiten für die persönliche Selbstorganisation, die die Fähigkeiten der prognostizierten Leitung entwickelt, kann folgende Reihe benutzt werden: 419 818719 849.

Man muss berücksichtigen, dass der Begriff „Fähigkeiten" in der Technologie der ewigen Entwicklung bedeutet, dass der Mensch jede beliebige Fähigkeit erreichen kann. Natürlich ist der Mensch in der Lage, das zu tun, was für seine ewige Entwicklung notwendig ist, einschließlich der Aneignung eines beliebigen Business. Die Reihe dafür, dass Ihr über die notwendigen Kenntnisse und Fertigkeiten verfügt: 514918919.

In den Technologien der ewigen Entwicklung ist wichtig, dass die Zeit oft den Ereignisfaktor bestimmt, und das nicht nur zeitlich, deshalb muss man hier die Zahlenreihe nutzen: 914 41981. Diese Reihe ermöglicht, die Ereignisse und die Zeit zu vereinen. Und in Zukunft, zum Beispiel, bei der Erfassung eurer Positionen durch die Ereignisse, nicht durch die Zeit, zum Beispiel die Ereignisse eines erfolgreichen Big Business durch das Kleinunternehmen, könnt Ihr schon jetzt gleich eure Arbeit optimieren. Das bedeutet, worauf man die Aufmerksamkeit richten muss und worauf nicht. Dafür gibt es eine Zahlenreihe, die die Auswahl optimiert: 419 814.

Der Schöpfer hat alle gleich erschaffen, und Ihr, habt mit eurer Tätigkeit auch die gleichen praktischen Chancen. Dabei könnt Ihr einfach annehmen, dass Ihr in diesem Moment das Fachgebiet besser kennen könnt. Aber trotzdem muss berücksichtigt werden, dass die Umgebung das in der

Struktur der ewigen Entwicklung begreifen kann. Das bedeutet, je mehr und effektiver Ihr euch die Kenntnisse der ewigen Entwicklung aneignet, desto mehr solche Möglichkeiten haben auch andere. So haben die Kenntnisse der ewigen Entwicklung eine hohe soziale Bedeutung und, indem ihr sie euch aneignet, sichert Ihr das ewige Leben aller Menschen.

Die Bewertung der auf die ewige Entwicklung gerichteten Kenntnisse im Plan der Erweiterung dieser Kenntnisse in jedem Gebiet, wird bestimmt durch folgende Zahlenreihe:

418 718419 412.

Die Selbsteinschätzung und die Einschätzung durch andere in den Technologien der ewigen Entwicklung münden in den Plan der allgemeinen Tätigkeiten. Damit von Euch hohe Meinungen entstehen, sowohl als Persönlichkeit, die in der Lage ist, sich Kenntnisse des ewigen Lebens anzueignen, muss man die Zahlenreihe Nutzen: 419 818719 914481. Das hilft auf der Ebene der Psychologie der Leitung im Kollektiv, weil die anderen Mitglieder des Kollektivs und der Gesellschaft ebenso erkennen, dass man Euer Niveau der Kenntnisse des ewigen Lebens erreichen kann.

In den Technologie der ewigen Entwicklung muss man immer harmonisch balancieren auf der Ebene der gesamtfamiliären Entscheidungen, und deshalb gibt es dafür eine bestimmte Zahlenreihe, die vor allem die Bedingungen der Harmonie für alle Familienmitglieder schafft und darunter auch die Reaktionen der Freunde. Die Reihe ist diese: 814 418 719.

In den Technologien der ewigen Entwicklung wird oft die unbedingte Notwendigkeit festgelegt, ein Resultat der Tätigkeit zu erreichen, die Situation in jedem Fall zu klären. Die Beschäftigungen und beliebige Hobbys - haben eine innere Substruktur der ständigen Ausrichtung auf die ewige Entwicklung und den Erwerb der nächsten neuen Kenntnisse. Richtig konzentrieren kann man seine Kenntnisse so, dass Beschäftigungen und

Hobbys einer konkreten Sache im Rahmen der Erreichung des Hauptziels, der ewigen Entwicklung harmonisch verbunden sind 718 419 47148.

Eure unternehmerische Tätigkeit, durch die Ihr den Menschen helft ewig zu leben, und außerdem konkrete, darunter oft in den ersten Stufen der Entwicklung der Gesellschaft wenig bekannte Technologien in Richtung auf die Ewigkeit realisiert – ist natürlich offensichtlich bekannt, dass sie für die Menschen nützlich ist. Die Frage besteht einfach darin, wie weit sie in den gesamtwirtschaftlichen Verbindungen zweckmäßig sein wird. Hier muss man nicht nur Eure Ausrichtung, sondern auch die objektiven wirtschaftlichen Realitäten betrachten, die in der Region und im Ganzen auch in der Gesellschaft bestehen: 419 718 814.

Wenn Ihr erklärt, dass euer Betrieb mit dem Ziel der Einführung der Technologien der ewigen Entwicklung arbeitet, muss man folgendes berücksichtigen: die potentiellen Vorteile des Betriebs, der sich mit der ewigen Entwicklung beschäftigt, sind völlig klar, weil man viel mehr Faktoren des gewöhnlichen Business berücksichtigt, mehr potentielle Möglichkeiten ansammelt, einen höheren Grad der Zuverlässigkeit und Beständigkeit. Das ist unbedingt notwendig dafür, um den Mehrgewinn und einfach den Gewinn auf der Ebene der künftigen Entwicklung, gerade in den Technologien der Ewigkeit zu verteilen. Schon deshalb ist das ein Vorteil. Weiter müsst Ihr natürlich zeigen, dass die Vorteile auch ideologische sein können. Zum Beispiel die Arbeit unter den Warenzeichen GRABOVOI ® oder GRIGORI GRABOVOI ® zeugt davon, dass die Menschen die unter diesem Zeichen arbeiten, gleichzeitig die die mit dem ewigen Leben verbundene Idee der ewigen Entwicklung nach der Lehre von Grigori Grabovoi unterstützen. Auf diese Weise könnt Ihr die Vorteile eures künftigen Betriebs zeigen, darunter auch die auf ideologischer Grundlage, die auf die Persönlichkeit orientiert sein kann.

Eure Ausrichtung zur Struktur der ewigen Entwicklung ist so, dass Ihr bedeutend zuverlässigere Waren oder Dienstleistungen höherer Qualität anbieten könnt, auch in der Hinsicht, dass die Qualität der Dienstleistungen durch die Ausrichtung auf die ewige Entwicklung bestimmt wird, das heißt, man berücksichtigt den Zustand dessen, dem die Dienstleistungen angeboten werden, die (die Ausrichtung) ihn selbst auf die ewige Entwicklung orientiert, folglich einen Gesundheitskomplex bietet, einen Komplex der Technologien der ewigen Entwicklung, gleichzeitig entwickeln wir die Businesstechnologien als solche: 51949871941.

Es besteht die Notwendigkeit der unbedingten Stabilität des Business mit dem Ziel der ewigen Entwicklung, deshalb gibt es viele allgemeine Richtungen in den Businesstechno-logien, sie beginnen eine spezielle Bedeutung zu erlangen. Der Begriff der Vorteilhaftigkeit der Nutzung des günstigen Falls in den Technologien der ewigen Entwicklung ist so, dass der Fall in der Ewigkeit ein systematischer Fall ist. Der Mensch muss verstehen, dass er innerlich so steuern muss, dass diese Situationen, die sein Business ständig entwickeln werden, ständig sind: 814918712. Gleichzeitig muss er in dieser Beziehung aktiv steuern und alle Methoden und Mittel anwenden, um das zu erreichen: 819419417.

Es muss um die Fähigkeit gehen, beliebige, selbst unbedeutende, aber für euch günstige Umstände zu nutzen 419 488 71. Wenn Ihr die Technologie des ewigen Lebens in einem beliebigen Umstand betrachtet, dann beginnen diese Umstände sich für euch sehr stürmisch und günstig zu entwickeln und zeigen dabei alle großen Perspektiven: 819 716. Dann ist für Euch das Wichtigste – eure Arbeit so zu organisieren, dass es immer und oft viele gute und günstige Umstände gibt: 719 418 71.

Es gibt in dieser Welt nichts, was unmöglich ist: 519 7148. Besonders, wenn Ihr für das ewige Leben aller Menschen handelt, dann werdet Ihr immer das erreichen können, was Ihr euch als Ziel als Ziel für die Menschen und für euch gestellt habt: 894 719 78 48.

Die Reihe 498 719 418 ermöglicht es, alles wiederherzustellen, was man aber oft durch andere Tätigkeiten tun konnte, so erhaltet Ihr die Methode der Steuerung der Vergangenheit durch die laufenden Ereignisse. Die Methode der Korrektur vergangener Ereignisse beruht darin, dass Ihr die vergangenen Ereignisse mit der Zahlenreihe 28914801890498 korrigiert. Danach, indem ihr euch auf die Reihe 91431289 konzentriert, erhaltet ihr die Folgen der in der Vergangenheit korrigierten Ereignisse in der Gegenwart und in der Zukunft.

Man muss die Zeit nutzen können: 814 418 81. Man kann die Zahlenreihe 418 41848 nutzen, die bei den Tätigkeiten helfen wird und oft die Tätigkeit selbst initiiert. In der Umwandlung der Zeit in Geld hilft die Zahlenreihe: 4148188. Mit Geld muss man umgehen können, so dass man schnell lernen kann, es umzuwandeln. Die Ansammlung von Kenntnissen kann man praktisch anwenden zur Umwandlung von Zeit in das ewige Leben. Wenn man das verstanden hat, kann man technologisch empfinden, wie die ewige Vergangenheit das zukünftige ewige Leben schafft, das nicht mehr von der Vergangenheit abhängt. Von da kann man den Schluss ziehen, dass das Leben nicht vom Geld abhängt, aber, wie zu sehen ist, kann man das Geld als eine Art mit der Realität verbundenes Trainingsgerät nutzen, das die Aneignung des ewigen Lebens ermöglicht. Der Analogie nach kann man eine Masse anderer Trainingsgeräte der Realität auswählen, die es ermöglichen, Euch gleichzeitig Kenntnisse des ewigen Lebens anzueignen, die Euch und allen anderen garantiert das ewige gesunde Leben sichern.

Notizen

Notizen

Notizen